도시재생과 마을만들기 독본 ❷ **어린이와 마을만들기 연구회** 편저 **장준호 소명식** 역

어린이를 위한 도시재생과 마을만들기

재미있는 모험

도서출판 구미서관 風土社

역자서문1

본서는 [도시재생과 마을만들기 독본 1권, 2권, 3권, 4권]을 완역한 것으로 일본 국토교통성 관련 부국과(部局課) 및 사계의 저명 교수 그리고 지방정부와 시민사회 단체 등이 공동집필한 것이다.

우리나라는 1980년 및 1990년의 개발연대를 종식하고 2000년대 들어 바야흐로 전면 철거재개발에서 도시정비 사업으로 그리고 주민참여형 도시재생과 마을만들기 사업으로 패러다임이 전환되고 있다.

또한 성장형 사회에서 성숙형 도시문화로 이행되고 있는 즈음에 우리보다 앞선 경험을 한 이웃나라의 도시재생과 마을만들기 방법론을 학습 및 탐구하는 것은 상당한 의의가 있다고 확신하였다. 아울러, 최근의 젠트리피케이션(둥지 내몰림) 현상으로 기존의 장소자산 및 공동체 문화가 파괴되는 현실을 목도하면서 새로운 대안설정에 일조하리라 판단하여 2년여의 결코 짧지 않은 기간에 걸쳐 작업을 수행하였다.

먼저 본서의 전4권의 내용을 간단히 소개하면 다음과 같다. 제1권 〈고령자를 위한 도시재생과 마을만들기〉에서는 고령자와 모두가 살고 싶은 마을만들기를 위하여 도로 및 교통수단과 시스템, 공원정책, 고령자를 위한 건축물 그리고 외출에 편리한 정보시스템 등으로 나누어 소개하고 있는데 「고령자와 마을만들기 연구회」 대표인 소노다 마리코 씨는 결코 고령자만을 위한 마을만들기가 아니라 마을의 고령자와 더불어 장애를 가진 사람, 어린이와 임산부, 환자들을 비롯하여 우리들 마을 전체 구성원의 살기 좋은 마을만들기를 지향해야 한다고 이 책을 만든 목적을 기술하고 있다.

제2권 〈어린이를 위한 도시재생과 마을만들기〉의 내용 중에는 "우리 집 근처에는 보물이 가득합니다. 그것을 주머니에 넣어서 가져옵니다. 저 뿐만이 아니라 모두의 주머니 속에도 꿈과 보물이 있을 거라고 생각합니다."라고 초등학교 4년생 여자아이가 발표한 글을 소개한 내용이 있다. 건축과 도시계획의 원론적 지식만으로는 4차원적인 도시를 만들 수 없다. 아이들의 상상력과 지역 예술가들의 창작력이 더해져야만 개성 있는 마을을 만들 수 있고, 마을 축제와 "마을사업"으로 발전시켜야 주민주도의 지속가능한 마을만들기가 가능하다고 생각한다.

제3권 〈NPO를 위한 도시재생과 마을만들기〉에서는 전국에 있는 일본의 마을만들기 NPO 단체, 마을만들기 NPO를 지원하는 조직과 시스템 그리고 마을만들기 NPO의 미래가 소개되어 있다. 그리고 자료편에는 전국 마을만들기 NPO 참고문헌 리스트와 관련 중요용어 등의 해설도 하고 있다. 이 책의 국내 및 다양한 해외사례에서 보듯이 마을만들기 NPO 단체와 지자체, 의회, 그리고 마을 주민들의 체계적이고 조직적인 공조가 함께 이루어져야 좋은 마을, 지속가능한 도시를 만들 수 있다고 판단한다.

제4권 〈환경 친화적 도시재생과 마을만들기〉는 모두 8파트의 항목으로 나뉘어 있는데 환경문제와 우리의 일상생활, 환경 친화적인 에너지절약형 건축의 소개, 에너지문제와 자연자원 활용 및 재활용 그리고 역시 국내 및 각종 해외사례들을 통하여 환경공생 마을만들기의 새로운 방법론을 제안하고 있다.

신정부가 들어서 도시재생 뉴딜사업을 기존의 종적 상의하달 방식이 아닌 수평적 거버넌스 체계를 구축하여 폭 넓은 주민의 참여를 유도하여 '터(장소)의 무늬(특성)'가 있는 즉 종래의 '터 무늬 없던' 도시 및 마을재생 방식을 타파하여 창조적인 사업으로 전환하는데 본서가 다소나마 보탬이 된다면 기쁘기 그지없다.

끝으로 본서를 마무리하는데 있어 안양대학교 마을만들기 연구센터의 석사 및 박사과정 학생들과 출판을 쾌히 허락해 주신 풍토사(風土社) 그리고 구미서관 관계자 분께 심심한 사의를 표하는 바이다.

2018년 늦가을 수리서재에서

장 준 호

역자서문2

이상향의 도시와 마을을 꿈꾸며

인간은 사회적인 동물이라는 것을 모두가 기정사실로 인정하고, 우리가 함께 살아가는 공동체의 대표적인 공간적인 범주가 마을과 도시라고 한다면 우리가 지향하고 꿈꾸는 마을과 도시는 어디에 있는 것일까? 어딘가에 있는 것이 아니라면 어떻게 만들어야 하는 것일까?

서양적 관점에서 이상향인 '유토피아'란 단어는 영국 소설가 토마스 모어(T. More)가 그리스어의 「없는(ou) + 장소(toppos) → u + topia」라는 두 말을 결합하여 만든 용어로서 '아무 곳에도 없는 장소'라는 의미이며 1916년 발표한 자신의 라틴어 소설의 제목으로 사용하였는데 저자가 '히스로디'라는 선원으로부터 들은 이상한 나라 유토피아의 제도, 풍속 등을 기록하여 이상사회를 묘사한 작품이다. 소설의 기반은 당시의 유럽, 특히 영국의 상황을 비판하고 있으며, 종교적 관용, 평화주의, 남녀교육의 평등 등의 내용이 스며들어 있었다. 이 소설의 영향으로 '유토피아'라는 용어는 '이상향(理想鄕)의 나라'라는 뜻도 갖게 되었다고 한다.

동양적 관점에서 보자면 지식백과에 다음과 같이 서술하고 있다. [동아시아 한자 문화권에서는 도연명(陶淵明)의 『도화원기(桃花源記)』의 '무릉도원(武陵桃源)'이나 『장자(莊子)』의 「응제왕(應帝王)」에 나오는 '무하유지향(無何有之鄕)'을 유토피아의 시초로 간주하고 있다. 우리나라에서는 허균의 소설 『홍길동전』에 나오는 율도국(栗島國), 설화(說話)에 나오는 청학동 등을 통하여 유토피아를 그려본 적이 있으며 일본에서는 안도 쇼에키(安藤昌益)가 봉건제도를 폐지하고 일하는 농민의 공산주의적 유토피아를 몽상했다고 하지만, 자본주의의 모순 속에서 파생한 유럽의 유토피아 사상과는 차별점을 가진다]라고 말이다. 사실 조금 더 생각해 본다면 '이상향'이란 '무릉도원' 같은 물리적인 풍경의 조건보다는 결국 상호간의 평등하고 우호적인 관계가 이상적이어야 '이상향'이라는 것을 우리는 안다.

우리는 동서양 또는 개인들마다의 기준은 약간씩 다르지만 누구나 이상향을 꿈꾸며 살고 있다. 하지만 지구상 어느 곳이든 은밀하게 숨어있는, 감추어져 있는 장소로서의 이상향은 없다고 봐야 할 것이다. 사실 장소로서의 이상향은 지구라는 별로써 충분하다고 본다. 그렇다면 이상향의 도시는 찾아내는 것이 아니라 우리가 만들어 가야만 할 과제이며 과정일 것이다.

그렇다면 도대체 어느 형태가 이상향의 사회구조인 것인가? 이제 학자들은 '아메리칸 드림' 보다는 '유러피안 드림' 을 현대사회 이상향의 대안으로 이야기하기 시작했다. 물론 쉽게 판단할 사안은 아니지만 한국 현대건축의 담론을 지배하여 온 유럽과 미국의 롤 모델적인 가치들이 우리에게 있어서는 우선적인 잣대임에는 부인할 수 없다. '아메리칸 드림' 이 빈곤과 불평등을 벗어날 수 있는 탈출구로 여겨왔던 우리에게는 근현대사의 역사적인 배경 속에 우호적인 감성으로 둘러지며 선망되어 왔지만 최근까지의 결과로 보면 개인능력에 의한 과도한 자유경제이론의 신봉과 부의 축적이 우선시되어 오히려 빈부의 격차와 불평등이 심화된 '아메리칸 드림' 을 의심케 하고 있다.

'유러피안 드림' 의 저자 제레미 리프킨은 그의 책에서 "개인의 자유와 능력보다는 공동체의 관계와 집단지성의 가치를, 국익을 위한 단결과 동화보다는 다민족간의 문화 다양성을, 돈의 가치 보다 삶의 질을 지향하는, 무차별적인 개발보다는 환경보호를 우선하는 공생적인 개발을---" 언급하고 있다. 나름 정리하자면 자본주의 사회와 사회주의 사회를 절충하여, 사회복지와 공동의 유대를 개인만의 부의 축적보다 우선시하는 사회를 추구하는 것에 더 높은 가치매김으로 평가하고 있는 것이라고 여겨진다. 사람들의 삶에 이제 새로운 행복가치 패러다임의 변화가 감지되고 있다. 거기에 인생의 무상함을 깨달을 줄 알고 자기를 버리고 남을 사랑하는 수행의 미덕과, 서로의 종교를 존중하고 함께하는 행복을 추구할 줄 아는 동양적 가치가 그윽하게 함유된 '아시안 드림' 을 더한다면 내가, 우리가 사는 이곳에서 만드는 한국적인 공동체의 마을과 도시가 '유러피안 드림' 을 능가하는 우리가 꿈꾸는 '이상향의 도시' 로도 가능하지 않을까 한다.

사람들의 삶에 이제 새로운 행복가치 패러다임의 변화가 감지되고 있다. 거기에 인생의 무상함을 깨달을 줄 알고 자기를 버리고 남을 사랑하는 수행의 미덕과, 서로의 종교를 존중하고 함께하는 행복을 추구할 줄 아는 동양적 가치가 그윽하게 함유된 '아시안 드림' 을 더한다면 내가, 우리가 사는 이곳에서 만드는 한국적인 공동체의 마을과 도시가 '유러피안 드림' 을 능가하는 우리가 꿈꾸는 '이상향의 도시' 로도 가능하지 않을까 한다.

* * * * * *

최근, 우리의 마을만들기 정책도 정부가 바뀌면서 마을만들기, 도시재생, 도시재생 뉴딜 등으로 이름이 바뀌어 진행되고 있으며 이제야 겨우 서울시와 의식있는 지자체장이 당선된 일부 지자체에서부터 주민주도의 마을도시재생이 제대로 발동이 걸리는 분위기이다. 즈음하여 2000년대 초반, 일본 큐슈대학에서 공부할 때 일본의 지방자치와 마을 만들기에 관심을 갖게 되어 자료를 찾던 중에 그 당시 일본 건설성 도시정책과 및 시가지 건축과가 4개 분야의 마을만들기 연구소와 협력, 일본 전역의 실제사례를 정리하여 실전에 활용할 수 있도록 만들어 놓은 마을만들기의 시리즈(전 4권)를 발견하여 구입하였다. 그 내용이 현재 한국에서 진행 중인 주민주도 마을 · 도시재생정책에도 좋은 참고가 될 수 있다고 판단되었고, 마침 안양대학교 마을만들기 연구센터를 운영하는 장준호 교수님과 의기투합하게 되어 2년여에 걸친 노력으로 늦게나마 이 책을 소개하게 되었으니 이 책의 출판과 번역에 도움을 주신 분들께 진심으로 감사드리며, 일본을 오가며 노력해준 공동역자인 장준호 교수님에게 특별히 감사의 마음을 전하는 바이다. 끝으로 도시와 마을재생에 관심 있는 학생들과 마을리더들, 그리고 지자체의 용기 있는 담당 공무원들과 NPO 단체 모든 사람들에게 이 책이 현장에서 마을 주민들이 함께 만드는 도시와 마을재생에 많은 도움이 되었으면 하는 바람이다.

2018년 늦은 가을 설계사무실에서

소 명 식

지식을 더해 상상력을 키우다. "마을사업"으로

엔도 야스히로
(메이죠 대학 교수)

"우리 집 근처에는 보물이 가득합니다. 그것을 주머니에 넣어서 가져옵니다. 저 뿐만 아니라 모두의 주머니 속에도 꿈과 보물이 있을 거라고 생각합니다." 초등학교 4학년생인 여자아이는 시적인 표현으로 이야기를 시작합니다. 이것은 올해 2월에 이와키 마을만들기 공개 심사회중 발표의 한 장면입니다.

여자아이가 발견한 보물, 치마주머니 1번(봄)에는 석탄과 화석으로 자기가 살고 있는 지역의 특징을 나타내는 것이었고, 2번(여름)은 공터(사진1)였습니다. "저희 집 근처 공터에서 여름을 가득 발견했습니다. 그것은 매미껍데기입니다. 올해 여름에는 꼭 매미가 허물을 벗는 순간을 보고 싶습니다. 엄청 예쁘다고 합니다. 저는 지금도 매미의 허물을 보면 매미의 울음소리가 들리는 것 같습니다." 그 밖에도 호두수확, 땅꼬마광장, 산수(山水)를 활용한 생활이야기 등이 이어집니다.

여기에는 아이들이 가까운 환경 속에 살고 있는 생명의 직접 접했을 때의 감동이 생생하게 전해지고 있습니다. 이것은 "주머니에서 발견한 자연공원"이라는 신선한 시점으로 그 감동을 회화와 공작, 그리고 작문으로 융합된 창의연구에 기원한 작품으로 표현하였습니다.

이러한 "마을만들기 콩쿨"은 이와키시(사진2, 3)를 비롯해 세타가야구, 미나마타시(그림1)등에서 계속적으로 진행하고 있습니다.

어느 지역에서든 아이들의 생기발랄한 작품은 표현하는 주체의 감각과 상상의 세계가 넘쳐흘러 주변 사람들에게 공감의 고리를 넓혀가고 있습니다.

현 시대는 정보화 사회. 그것은 실물보다도 정보가 가치가 있고 실물을 갖기 전에 정보로 지식을 얻을 수 있다는 것을 의미합니다. 그러나 정보만으로는 인간과 자연, 자신과 타인, 현재와 미래 사이를 잇는 창조적인 상상력을 충분히 높일 수 없습니다.

정보화 사회의 도래는 아이들이 살고 있는 공간과 시간에 있어 자연과 인간의 상호관계의 직접성을 차단시켜 살아있는 환경과의 교류를 통해서 배울 수 있는 감수성과 온화함을 상실한 인간을 배출할 수도 있게 합니다. 그러므로 시대를 잇는 아이들이 가상의 관계를 구체화하는 체험학습과 감동표현의 기회를 가지고 상황을 만들어 주는 것, 그렇게 우리 어른세대가 의식적으로 목표를 정해가는 것이 중요하다고 생각합니다. 왜냐하면 아이들은 원래 풍부한 상상력을 갖고 있기 때문입니다. 아이들의 상상의 날개는 놀이와 생활 속에서 그리고 주변의 환경(자연, 인공, 사람)과 직접 어울림 속에서 정감이 생김과 동시에 감동을 자유분방하게 표현하고 발표할 수 있는 기회가 많아 질 때 빛이 납니다.

'어린이를 위한 도시재생과 마을만들기' 는 이러한 생각으로부터 어린이들이 쉽게 환경을 접할 수 있게 만들어 주고 상상력의 모험의 장을 넓힐 수 있는 '마을사업' 의 다양한 방법들을 수록한 것입니다. 지금 환경도 교육도 효율성 중심의 업적주의와 관리중심의 조작주의에 붙들린 경향이 강하여 마을도 아이들도 불만의 목소리가 높은 가운데 본 책에서 다룬 다양한 사례에는 아이들이 효율이나 성적의 잣대에서 해방되는 마을사업의 방법과 의미가 담겨 있습니다. 여기서 말하는 마을사업이란 마을(주변의 생물, 사람, 물건, 일)에 대한 관심과 사랑을 키워 새로운 창조적 가치를 아이들 내부에 싹트게 하는 '마을놀이학습' 을 뜻합니다.

'마을사업' 은 자기가 살고 있는 마을에 대한 깨달음과 사랑을 싹트게 하는 '마을만들기' 의 시작을 가져오고 동시에 아이들 자신의 개성 있는 발상과 새로운 삶의 방식을 촉진하게 됩니다.

'마을사업' (마을놀이 학습)의 관점과 방법은 아이들에게 지식을 뛰어넘는 상상력과 사랑하는 마음, 가치를 상승시키고 동시에 인간미 넘치는 마을만들기를 추진하는 과정의 발단이 됩니다. 그것은 아이들과 환경이 함께 살아가는 상호관계를 부풀려 주는 것입니다.

본서는 소위 '매뉴얼' 이 아닙니다. '마을사업' 은 상황에 따라서 즐기는 마음을 갖고 풍부한 관계성을 견지하는 것이 중요합니다.

이 책을 보시는 각 방면의 분들이 학교, 지역, 가정에서 각자 상황에 맞게 마음을 담아 손수 '마을사업' 을 창조적으로 실현해 주실 것을 기대합니다.

이 책이 조금이라도 여러분들의 분야에 도움이 된다면 저희들이 집필, 편집에 종사한 것이 최고의 보람이 될 것입니다.

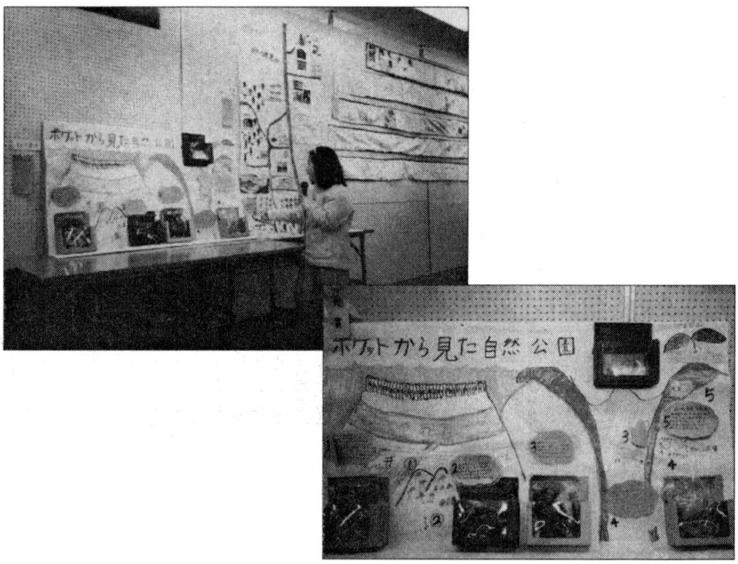

사진 1

좌측은 치마주머니 1번(봄)과 2번(여름)입니다. 우측은 겉옷주머니 3번(가을)과 4번(겨울)입니다. 5번은 사람의 얼굴입니다.

이와키 마을만들기 콩쿨 공개심사회에서 "주머니에서 발견한 자연공원" 를 발표하고 있는 코마쓰 토모미 학생.

사진 2

"우리 마을에는 보물이 가득해요"

학교주변의 보물을 종이모형으로 만들어 발표하고 있는
코다마 초등학교 4학년 아이들.

(이와키시 마을만들기 콩쿨 공개심사회에서)

사진 3

살금 살금 살금
"어? 새다! 옆집 마당에 귤이 떨어져 있던데... 그걸 먹으러 왔나?"
"어? 동박새도 있네! 눈 주위가 하얗구나"
살금 살금 살금

"이것으로 3분 동안의 여행은 끝입니다. 이 밖에도 다양한 자연을 보고 즐겨주세요."
그 중 깜짝 놀란 것은 '큰개불알 풀' 이었다.
*쿠사노 신페이의 시집 '봄의 노래' 라는 시에서 나왔었는데 이런 자연이 있어서 참 좋다.

'겨울이다, 이제 곧 봄' 의 그림지도를 시의 군독(群讀)과 토막극으로 발표하고 있는 코나하마 제일 초등학교의 4학년 아이들.

(이와키 마을만들기 콩쿨 공개심사회에서)
*시인, 쿠사노 신페이는 이와키 출신

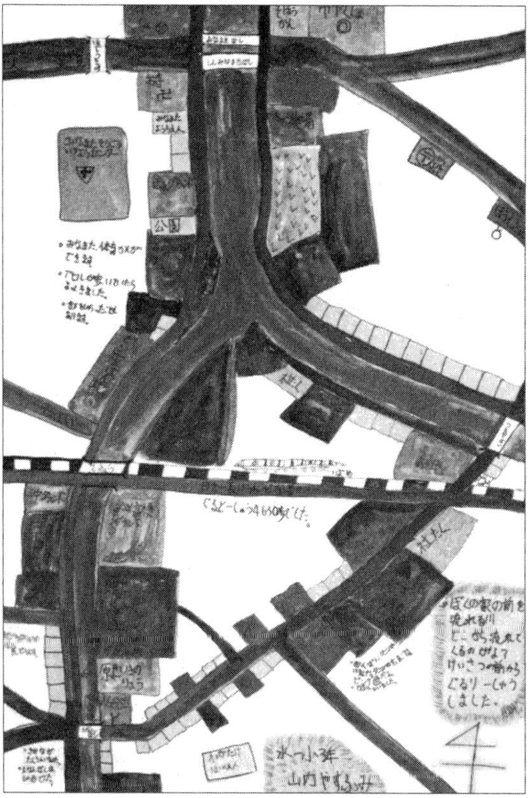

그림 1

우리 집 앞에 흐르는 강물은 어디에서부터 오는 걸까?
강 주변에는 어떤 건물과 생물들이 살고 있는지 알아보기 위해 엄마와 남동생과 함께 경찰서 앞부터 탐험해 보기로 했습니다. 한 바퀴를 돌았는데 4630걸음이었습니다. 도중에 집오리가 따라왔습니다. 물고기도 많이 있었습니다. 우렁이의 알은 정말 예뻤습니다. 미나마타의 강도 정말 아름다웠습니다.

「미나마타강 탐험」
초등학교 3학년 키도 야스시군의 작품.

출처 : 〈이런 집, 이런 마을에 살고 싶다. 사람, 곤충 등 환경 친화적인 생활 만들기, 지역 만들기(미나마타 그림지도 그림책 1994)〉 환경창조 미나마타 실행위원회 1995년 3월.

추천의 말

'마을만들기'의 주역은 누구일까요? 마을은 도로나 공원 등의 공공시설과 개인주택, 기업의 빌딩 등이 모여서 이루어집니다. 또한 마을은 놀이, 휴식하는 생활의 장이기도 합니다. 그러므로 마을만들기는 시민과 기업, 행정이 하나가 되어야 활동을 시작할 수 있습니다.

한편 자유시간의 증대, 고령화 사회의 도래, 국제화의 진전 등 다양한 관심 속에서 물질의 풍요로움보다 마음의 풍요로움을 지향하고, 보다 가까운 환경에 대한 관심을 높이고, 여유로움과 정서를 중시하는 등 "마을만들기"를 둘러싼 환경은 커다란 변혁기에 있습니다. 이러한 상황에서 마을을 만들고 동시에 키우는 단계에 있어서도 시민들이 자신의 일처럼 적극적으로 참여해주고 마을만들기에 주체가 되어주는 것이 더욱 중요한 것입니다.

시민이란 한마디로 말하면 주민, 사업자, 고령자, 장애인, 남성, 여성, 어른, 어린이 등 실로 다양합니다. 보다 매력적인 마을을 만들기 위해서는 더욱 다양한 사람들의 참여가 필요합니다.

이 책에서는 지금까지 마을만들기에 그다지 주체가 아니었던 "어린이"를 대상으로 진행했습니다. 무엇보다 어린이는 다음 세대를 이어갈 존재입니다. 아이들이 자신의 마을에 대해 알고 생각해보는 것이 중요합니다. 마을만들기는 오랜 시간이 걸리며 지금의 아이들과 함께 자라납니다.

어린이들은 기존의 틀에 얽매이지 않으며 온화한 감성으로 마을을 즐기고 마을을 이야기하겠지요. 또한 부모와 아이의 대화를 통해 어른들도 새로운 감각으로 마을을 바라볼 수 있지 않을까 기대를 해봅니다.

요즘 아이들은 바쁩니다. 주 5일제의 도입 같은 새로운 여유확보가 필요하고 아이들을 마을 안에서 양육할 필요가 있다고 지적된 바 있습니다. 본 서적은 “마을만들기와 어린이”를 주제로 마을만들기에 어린이의 시점을 반영하는 방법 등에 관해서 전국의 지방자치단체와 교육활동의 현장에서 적용되고 있는 사례를 모은 것입니다. 주민의 합의를 정리해서 마을만들기를 추진하려고 하는 지방자치단체의 담당자 혹은 마을만들기 실무에 종사하는 관계자 또는 어린이들에게 마을의 매력을 전하고 싶은 지역의 리더 분들 등의 참고서적으로 큰 도움이 될 것입니다.

이 책을 보시는 분들이 마을만들기의 장에서 본 내용을 적극적으로 활용하시어 어린이들을 시작으로 많은 사람들의 참여로 인해 보다 매력적인 마을만들기가 되시길 기원합니다.

건설성 도시국 도시정책과, 주택국 시가지건축과

▌책의 개요와 사용방법▐

「도시재생과 마을만들기 독본 ②」는 「아이들과 마을만들기」를 주제로 주민으로서 어린이들의 관점을 마을만들기에 반영하는 방법과 마을과 사람과의 관계를 통해 어린이들의 생각과 창조력을 육성하는 방법에 대해 전국의 사례를 소개하고 정리한 것입니다.

〈제1부〉는 마을만들기에 어린이들의 생각을 알기 위한 접근방법과 계기, 아이들의 생각과 체험을 할 수 있는 장소, 마을만들기를 제안할 수 있는 기회에 대해서 전국의 사례와 해외의 사례를 정리해 보았습니다. 또한 개개인의 사례를 소개하는데 있어서는 활동의 배경과 추진방법을 소개함과 동시에 가능한 한 현장의 분위기를 전달할 수 있도록 활동에 참가한 사람들의 의견도 담았습니다.

〈제2부〉에서는 이 주제를 선택한 배경에 대해 아이들을 둘러싼 환경의 변화와 지역과 아이들의 관계, 마을만들기, 교육이라는 시점에서 정리하였습니다. 또한 규정에 따라서 문제에 답하는 활동이 아닌, 아이들이 자연스레 즐기면서 매력과 중요함을 발견할 수 있는 활동이 되도록 힘쓰는 등, 사례 수집을 통해 얻은 노하우에 대해서도 알려드리도록 하겠습니다.

아울러, 이러한 활동을 진행하시려는 분들께 참고가 되도록 〈제3부〉에서 관계자들의 연락처를 제시하였습니다. 본 책에 취록한 활동은 담당자들의 봉사에 의한 부분이 커서 상대방에게 부담을 주지 않는 범위에서 마을만들기 모임을 늘리기 위한 정보교환에 도움이 되면 좋겠습니다.

본 책은 아이들과 마을만들기를 위해 함께 나누고 싶은 분들, 아이들에게 마을만들기의 소중함을 전해 주고 싶거나, 마을만들기에 새로운 발상을 얻고 싶은 마을만들기 관계자 분들 학교수업의 주제로 사용 하고 싶은 선생님 등 많은 분들이 보셨으면 하는 바람입니다.

이와 같은 활동은 가정과 지역사회, 학교가 함께 진행하는 것이 중요합니다. 따라서 여러 관련 주체가 관심을 갖고 전개하시기 바랍니다.

'마을만들기를 즐기자' 라는 주제로 주민과 행정 그리고 기업이 연계하면서 마을만들기를 진행하는 방법을, 전국의 사례를 소개한 '마을만들기 독본' 도 함께 참조하시기 바랍니다.

어린이와 마을만들기 연구회

차 례

I.
이곳저곳에서 이런 활동을 하고 있어요!

I-1. 마을과 건축을 위한 새로운 문을 열자!

I-2. 체험과 생각을 형상화 해보자

I-3. 좋아하는 것들을 제안해보자

I-4. 계기 및 연결고리를 만들어 보자

I-5. 해외에서는 이런 일을 하고 있습니다

I-1. 마을과 건축을 위한 새로운 문을 열자!

아이들은 늘 「마을」과 「건물」을 보고 있을 것이다. 그런데 조금은 다른 각도에서 건물을 보거나 늘 뭔가 다르게 말하는 노인들 혹은 아저씨와 이야기를 나눠보거나 하는...
이 단원에서는 어린이들의 풍부한 체험을 토대로 도시와 건축의 새로운 문을 열기 위한 방법에 대하여 소개합니다.

1 마을에서 닌자수업을 해보자

'닌자수업 여행' – 맘모스 단지를 탐험하는 아이들
시나가와 어린이극장 야시오 블록, 시나가와구 쿠라타 아동센터 (도쿄도 시나가와구)

활동의 시작은?

- 대도시에서는 위험에 대한 불안이 앞서 어린이들이 선뜻 이웃 어른들에게 도움을 요청하거나 소소한 수다를 주고받는 것이 쉽지 않은 것 같습니다.
- 지역의 어른들에게도 거리의 일상 풍경 속에서 어린이들과의 만남이 점점 적어지고 '지역 속에서 아이들을 보호하자'는 의식이 희박해진 것 같습니다.
- 이런 상황에서 도쿄에 만들어진 마지막 맘모스 단지인 「야시오 단지」에서는 용기를 내어 '딩동' 하고 초인종을 눌러 집합주택 특유의 무거운 '철문'을 열어보자는 활동을 진행하였는데, 여기서부터 아이들과 어른들이 함께 즐길 수 있는 동네를 만들어보자는 복적 하에 「닌자수업 여행」이 이루어지게 되었습니다.

step1 팀으로 나누어 수업과제를 받아보자

step2 수업과제가 지시하는 대로 각 집(수업장)을 방문해 본다

step3 수업장의 도장주(道場主)에게 수업을 듣고 다음 과제를 받는다

step4 새로운 수업과제에 따라, 다음 장소로 이동

step5 마지막 수업을 끝내면 '특수' 지도가 건네진다. 드디어 최종 결전이다!

step6 마침내 비밀문서(엄마들이 손수 만든 두루마리)를 얻어내면 멋지게 끝!

닌자, 닌자, 닌자, 꼬마 닌자들이 가득!

어떤 수업을 할까?

수행1 ➡ 귀를 기울여 정신통일하고 피아노 소리를 들어본다.

수행2 ➡ 깜깜한 어둠을 견딘다.

수행3 ➡ 종이접기로 수리검을 만든다. (기타 등등)

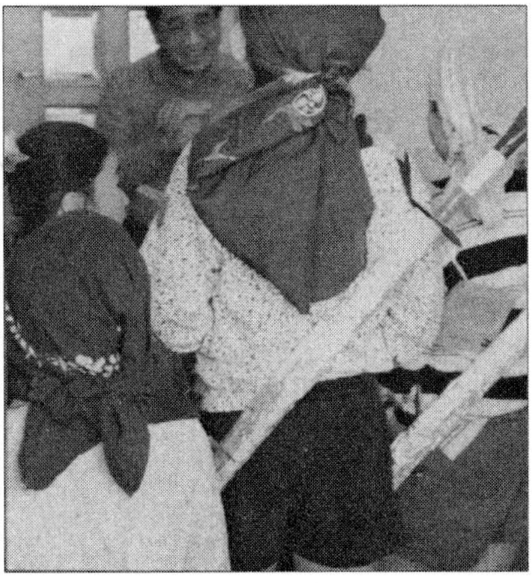

용기를 내서 초인종을 눌러
'이리 오너라!' 혹은 '문을 여시오'

“수업”과 “수행”이 명쾌하게 다른 의미에 관한 닌자적 고찰

칼럼

(쿠라타 아동관, 미야사토 가즈노리)

이 두 개의 단어는 「닌자수업 여행」에 있어서 명백히 의미가 다르다. 여행 중에 결코 혼동해서는 안 되는 말이다. 다음에 그 이유를 나열하였다.

먼저 “수업”이라는 문자자체의 의미 “수업”에 대해서 알아보자. 이 단어의 사용은 주 대상자가 아이들일 경우에 해당된다. 이것이 의도하는 바는 명백하다. 즉 「업=기술」이다. 아이들은 “수업”을 통해서 마을을 보는 방법, 마을과 소통하는 방법, 아이들 서로 또는 어른들과의 관계를 맺는 기술을 습득하는 것이다. 그것은 때로는 남에게 배우기도하고 때로는 스스로 발견해서 자연스레 터득하게 되는 기술이다. 아이들은 이 「닌자수업」을 통해 ‘평범한 일상생활 속에서 놀이로 가득한 마을 ‘이라는 티켓을 손에 쥐게 되는 것이다.

다음으로 “수행”에 대해 알아보자.

짐작한 대로 이것은 주로 어른을 대상으로 한다. 「닌자수업 여행」의 요점인 도장주(道場主)나 마을속의 수수께끼 인물, 그들은 마지못해 미온적으로 참여하는 것이 아니라 즐거운 마음으로 적극적으로 참여하며 각자 아이들이 받을 수업의 소재부터 수업장소의 연출까지 모든 것을 맡아하고 있다.

어느 때는 어디에서 준비했는지 “여자”의 의상까지 준비해오는 대단한 사람마저 있을 정도이다. 결국은 그런 것이다. ‘수행’ 에 포함되어있는 ‘행(行)’ 이라는 글자는 「닌자수업의 여행」에 있어서 단지 행하는 것을 의미하는 것이 아닌 「스스로 자신들 나름대로 하는」 이란 의미가 담겨있는 것이다. 수업여행의 주체가 되는 것은 확실히 아이들만이 아니라 「진심으로 참여하는 ‘어른들의 수행’」 이기도 하다는 것이다.

2 목공수업을 배워보자

'나라마을 이야기관의 체험 학습회'

(사)나라 마을만들기 센터 (나라현 나라시)

활동의 시작은?

- 거리의 보전과 주민에 의한 마을만들기에 임하고 있는 (사)나라 마을만들기 센터에서는 새로운 활동거점으로 100년 전의 상가거리를 개수하여 '나라마을 이야기관' 을 지었습니다.
- 그 개수과정을 실제로 살펴보게 하거나 장인들의 지혜와 기술을 널리 알리기 위해 젊은이의 모임인 나라마찌망보우(奈良町萬望)가 초등학생을 대상으로 체험학습을 개최하였습니다. (1994년 10월, 12월 1995년 3월)

열중해서 나무퍼즐을 하는 아이들

◉ 지금까지 이어받은 나무의 생활문화에 대해 돌이켜 볼 수 있는 기회로 '간단한 견학일' 도 진행하고 있으며 이러한 모임을 앞으로도 이어가려고 하는 것 같습니다.

벽토치기에 도전하는 아이들

힘을 주는 법이 조금 어렵네.

이런 활동을 진행 했습니다

첫째날 (2시간)

나무 마름질을 하자

- 외벽 및 지붕을 벗기고 정글짐처럼 생긴 이야기관에서 목수아저씨의 해설을 들으며 대패질과 먹줄매기 그리고 톱질에 도전!
- 나무퍼즐과 나무토막의 냄새를 맡아보고 나무의 이름을 맞추는 퀴즈 등도 해 보았습니다.

둘째날 흙을 반죽하자! (2시간)

벽 칠하기에 도전!

- 진흙과 짚을 섞은 벽토를 싣고 일렬로 서서 코테에서 벽칠하기에 도전!

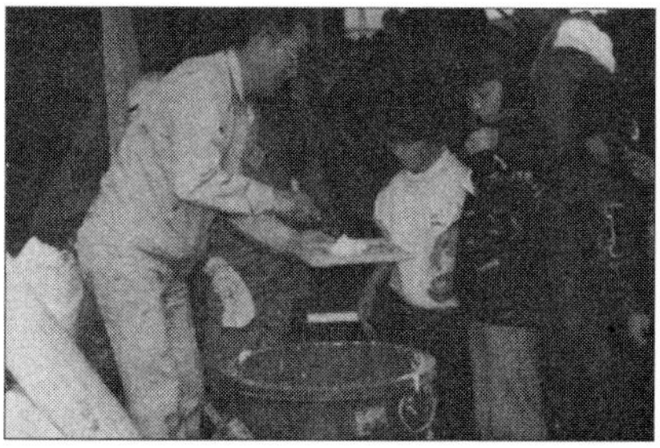

- 요령을 바로 습득하는 아이들을 보고 목수아저씨도 깜짝 놀라신 모양이다.
- 회반죽의 벽 꾸미기에 도전. 작은 나무틀에 회반죽을 발라서 나무젓가락으로 그림이나 글씨를 쓰게 할 생각이었습니다.
- 그런데 아이들은 톱밥을 뿌리거나 낙엽을 흩뜨려서 제각각의 디자인으로 화판을 완성해 나갔습니다.

셋째날 다다미에 드러눕기 전에 다양한 방법으로 놀아보자! (2시간)

- 종이접기 선생님이 오셔서 한 장의 종이를 동물 등 다양한 형태로 변신시킵니다. 어린이들은 다다미방에서 각자의 생각대로 종이접기에 도전합니다.

선구자의 한마디

마을의 상가 개수 시 직접 체험을 아이들에게 체험하게 해주고 싶어서 이야기관을 지을 때 지역의 초등학교와 연락하여 체험학습의 기회를 마련했습니다. 마을만들기 활동에 학교측과 연결을 시도한 것은 처음이었습니다. 처음엔 아이들에게 체험의 기회를 한번 주어보자는 의도였는데 진행하다보니 아이들이 푹 빠져 체험을 즐기고 있습니다.

목수와 미장하시는 분께서 휴일을 마다않고 나와 도와주셨는데 매우 보람 있으셨던 모양입니다.

(사)나라 마을만들기 센터는?

칼럼

석유파동 직후에 도쿄에서 나라로 돌아온 키하라 카츠아키씨는 나라의 중심시가지에 있는 1200년 전통을 가진 나라지역이 개성 없고 무질서한 마을이 되어가는 것에 위기감을 느껴 유지 몇 명과 '나라지역사회연구회'를 만들어 활동을 시작했습니다.

1984년에는 조직을 사단법인으로 하여 다양한 마을만들기의 제안과 심포지엄 등을 개최하여 저잣거리를 재탄생시키는 등의 활동을 진행하고 있습니다.

3 평소와는 다른 시각으로 마을을 둘러보자

어린이강좌 「소데가우라 지역점검」 –휠체어를 타고 마을을 체험–

나라시노시 소데가우라 공민관 (지바현 나라시노시)

활동의 시작은?

- 나라시노시 소데가우라 공민관에서는 1995년 7월에 휠체어를 타는 체험을 하거나, 눈가리개를 하고 마을을 걸어보는 어린이강좌를 열었습니다.
- 학교의 주휴 2일제 실시에 따라, 공민관에서는 3년 전부터 어린이강좌를 진행해 왔습니다. 지금까지는 재미위주의 체험이 주였지만, 아이들에게 자기 몸을 노인 또는 몸이 불편한 사람으로 입장을 바꾸어 놓고, 그들의 생활을 느껴보는 기획을 새로 실시한 것입니다.
- 6월에는 어린이들이 80살 노인이 사용하는 장비를 차고, 공민관 안을 탐험해보는 수업도 진행하고 있습니다.

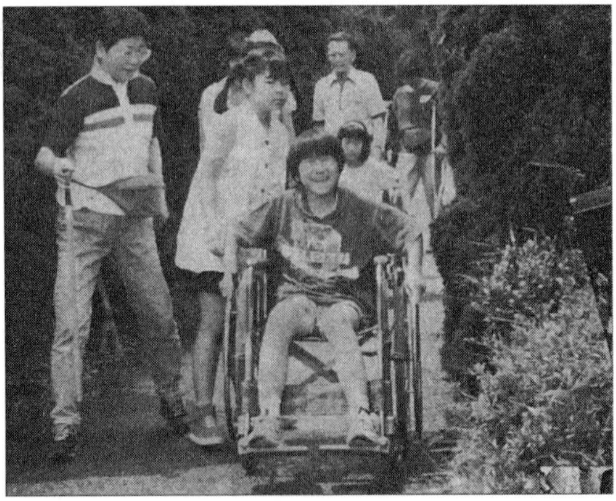

흙 위에서는 휠체어 바퀴가 무겁다.
도움을 받지 않으면 지나가기가 힘들구나.

이런 활동을 진행 했습니다

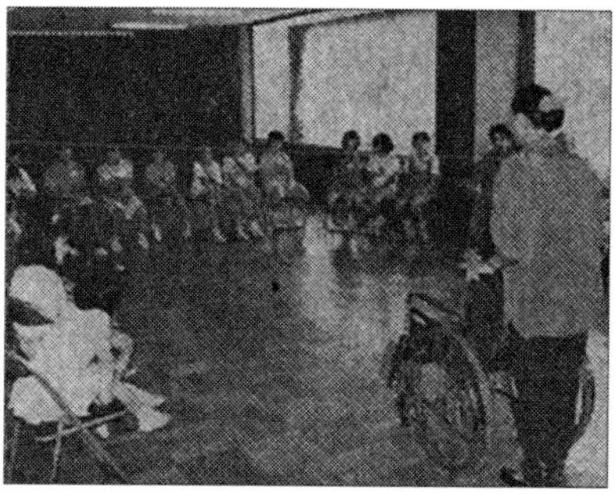
먼저 교실에서 휠체어를 타보는 모습

여름방학이 되고 바로 7월 22일에 [소데가우라 지역 점검]에 참가했습니다.

아침에 일어나보니 비가 오고 있었지만, 공민관으로 갔습니다. 그곳에는 6대의 진짜 휠체어가 나란히 진열되어 있었습니다. '이걸 타고 마을로 나가야 되는데, 잘 탈 수 있을지 걱정이 된다.' 선생님의 설명을 듣고, 공민관 교실 안에서 연습했습니다. 자전거처럼 핸들이 없어서 처음에는 잘 안되었지만, 2개의 바퀴를 핸들처럼 오른쪽으로 왼쪽으로 돌릴 수 있게 되면 출발입니다.

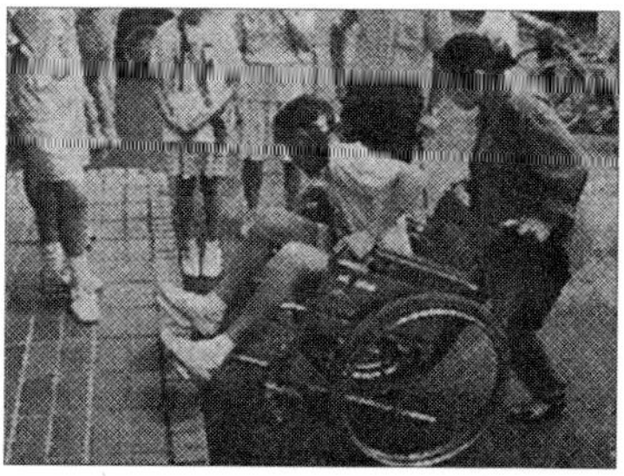

공민관 입구에는 경사로가 있습니다. 출입 경사로 바로 앞에 차가 주차되어 있으면 휠체어는 통과할 수 없습니다. 그럴 때에는 휠체어를 뒤로 돌려서 내려와야 하는데 휠체어에 타고 있는 나도 휠체어를 뒤로 돌리려는 친구들도 불안합니다.

보도를 따라 인근공원으로 갔습니다. 흙이나 풀 위에서는 바퀴가 무거워서 뒤에서 밀어주지 않으면 지나갈 수 없습니다.

단지 안에서 벗어나 3지역 그라운드에 도착. 「턱이 진 곳을 어떻게 지나갈까?」 선생님께서 문제를 내셨습니다. 평소처럼 휠체어를 밀면 작은 앞바퀴가 걸려서 안 돼, 힘을 주어서도 안 돼, 옆 그룹은 뒤를 돌려서 도전! 그랬더니 단차를 올라타서 지나갈 수 있었습니다. 우리도 그것을 따라 해서 통과할 수 있었습니다.

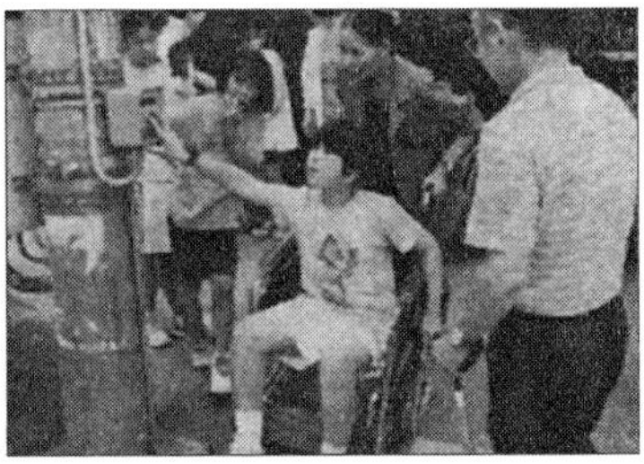

초등학교 앞의 보도는 기울어져 있어 휠체어가 똑바로 지날 수 없습니다. 비가 올 때 물이 잘 흐르도록 길이 기울어져 있는 거랍니다. 휠체어를 이용하는 사람이 누르는 버튼식 신호기도 혼자서는 버튼이 있는 전봇대에 다가가기 힘듭니다. 보도와 차도의 경계선이 약간 비탈지기 때문이지요.

점심시간! 에는 아이마스크(눈가리개)를 한 채로 주먹밥을 잡아 보기로 했습니다. 손의 감촉만으로는 잘 잡을 수 없습니다. 더 어려웠던 것은 된장찌개를 그릇에 담는 것이었다. 오른손의 국자와 왼손의 그릇이 얼마나 가까워졌는지 알 수가 없었지요. 눈이 불편한 사람은 어떻게 음식을 담아 먹는 걸까?

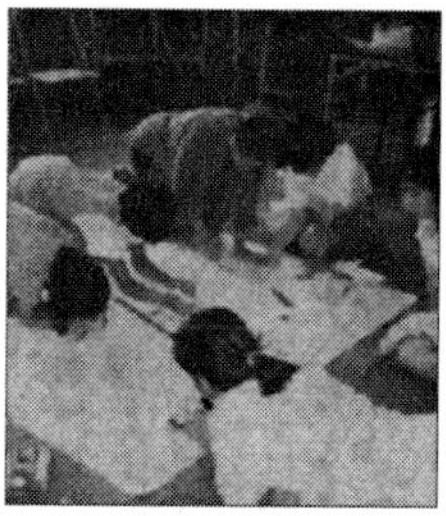

오후에는 큰 모조지에 점검한 결과를 지도로 정리해 보았습니다. 아침에 걸어보았던 길에서 어느 곳이 힘들었고, 어느 곳이 편하게 지날 수 있었는지, 어떻게 하면 조금 더 쉽게 갈 수 있는지, 등을 지도에 그려 넣었습니다. 온통 하얗던 종이는 순식간에 분홍, 빨강, 파랑의 그림지도로 완성되었습니다.

선생님의 도움으로 지도가 완성! 우리들에게는 아무렇지 않았던 보통의 일들이 몸이 불편한 사람에게는 어려운 것들이 많았구나.

6월에는 노인이, 7월에는 장애인이 되어봄으로써 매일 어떤 생각으로 생활하는지 조금은 알 수 있었습니다. 모두 같이 만든 그림지도를 공민관 로비에 선생님께서 달아주셨습니다.

문장 · 사진 출처 : 「공민관보 소데가우라」

선구자의 한마디

나카무라 히로미 씨 (소데가우라 공민관 직원)

이러한 기획을 생각한 것은 어린이들에게 노인들과 장애인들을 이해시키기 위한 복지의 시점에서이고 「마을만들기」의 측면에서는 거의 의식하지 않았습니다.

지도 만들기도 지바현의 봉사센터에서 자원봉사자 수첩을 보고 이런 지도가 있구나 라는 것과 점검활동의 결과를 형태로 남겨놓아, 모두에게 알 수 있도록 하자는 생각 때문이었습니다. 기존의 지도를 사용하지 않고, 모조지에 도로 등을 떠올리면서 그려 넣었습니다.

4 종이접기로 건축을 해보자

「종이접기 건축」
차타니 마사히로, 나카자와 요시코

활동의 시작은?

- 건축가인 차타니 마사히로씨는 1980년 즈음 무언가 재미있는 연하장을 만들고 싶다고 생각하여 종이접기를 이용하여 건축을 해보기로 했습니다.
- 이미 2000점의 작품을 만들어 많은 책을 출판하고, 해외에도 소개하게 되었습니다.
- 유치원생부터 컬처 스쿨까지, 폭넓게 여러 사람들에게 종이접기 건축을 가르치고 있습니다.
- 또한 강습을 받은 선생님께서 학교수업에 도입하여 아이들에게 전달하는 등 다양한 확대양상을 보이고 있습니다.

차타니 마사히로씨의 한마디

대체적으로 한 시간에 3~4장 만들기를 하는데, 처음에는 모두가 재미있어 합니다. 진행하면서 점점 열중하는 아이와 싫어하는 아이가 나옵니다. 싫어하는 아이는 어쩔 수 없습니다. 무엇이든지 어느 정도 할 수 있을 때, 솜씨가 차차 향상됩니다.

종이접기 건축 워크숍의 모습
1995년 6월 10일
센다이시 전재부흥 기념관

주최: 일본건축학회 동북지부,
미야기현 건축사회 여성부회
협력: 건축과 어린이들 네트워크
센다이

사진제공 :
건축과 어린이들 네트워크 센다이

이런 활동을 진행 했습니다

초급편 접는 방법을 익혀보자

- 시중의 「종이접기 건축카드」를 사용하여 접는 방법을 익혀보자.
- 처음에는 간단한 얼굴을 접어보자.
- 복잡한 건축카드라도 1시간 안에 3~4장은 접을 수 있다.
- 다양한 지역에서 건축의 즐거움과 아름다움을 알리는 모임을 갖고 있다. 건축학회 주최인 '엄마랑 어린이랑 건축 강좌' 등이 있다.

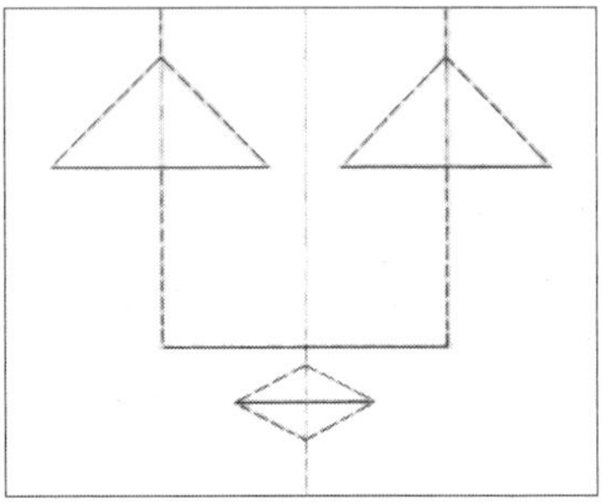

중급편 입체카드를 만들어 보자

- 본을 뜬 종이의 점을 켄트지에 철필(鉄筆) 등을 이용해 표시를 하고 카터 칼로 칼집을 내거나 접히는 선을 만든다.
- 그리고 카드를 접으면 완성이다.
- 이와 같은 카드 만들기를 숙제로 해보는 초등학교도 있다.

상급편 스스로 설계해보자

- 종이를 90도로 접었을 때 나오는 작품을 스스로 설계해 본다.
- 칼집을 내거나 접는 방법에도 여러 가지 테크닉이 있지만, 평행사변형이 모든 것의 기본이다.
- 유치원생도 혼자 설계할 수 있는 수준이라 어려워하지 말고 도전해 보자.
- 중학교의 미술 교과에도 설계방법이 소개되어 있다.

칼럼

- 건축은 마을의 형태를 만드는 중요한 공간 요소입니다.
- 종이접기 건축은 종이라는 평면에서 건축이라는 입체를 만들기 위해 이런저런 궁리가 필요하므로 어린이들의 공간 구성력을 길러주는 역할을 합니다.

5 생쥐 집을 만들어 보자

「어린이 건축탐험 교실」

(사)일본건축학회 동북지부 (미야기현 센다이시)

활동의 시작은?

- 일본건축학회에서는 1992년부터 어린이와 부모님들을 대상으로 한 강좌를 전국각지에서 개최해왔습니다.
- 어린이 건축탐험 교실은 1993년 10월에 미야기현에서 개최되었습니다.
- '생쥐 집을 만들어보자' 라는 프로그램은 미국 'Architecure and Children' 에서 도움을 받아서 만들어졌습니다.
- 초등학생 39명, 중학생 11명, 일반인 45명으로 모두 95명이 생쥐가 된 기분으로 디자인을 해 봅니다.

협력 : 미야기현 건축사회 여성부회, 건축과 어린이들 네트워크 센다이

어떤 생쥐마을을 만들어볼까

그룹별로 완성한 생쥐마을에 대해 발표하고 있는 모습

이런 활동을 진행 했습니다

❶ 생쥐 집에 필요한 방은?

어떤 방이 있으면 좋을지 어린이들에게 물어보고 필요한 방을 결정 합니다.

❷ 버블도표 만들기

각자가 버블을 방으로 생각하고 직접 집안의 방 배치를 그려보는 버블도표를 만들어봅니다. 다음으로 트레이싱 페이퍼를 이용하여 고치고 싶은 곳과 아이디어를 첫 번째 도표를 보며 그립니다.

먼저 버블도표를 만듭니다

❸ 평면도 그리기

버블도표를 보면서 평면도를 그려봅니다. 평면도도 트레이싱 페이퍼를 이용하여 처음도안을 보고 개선합니다.

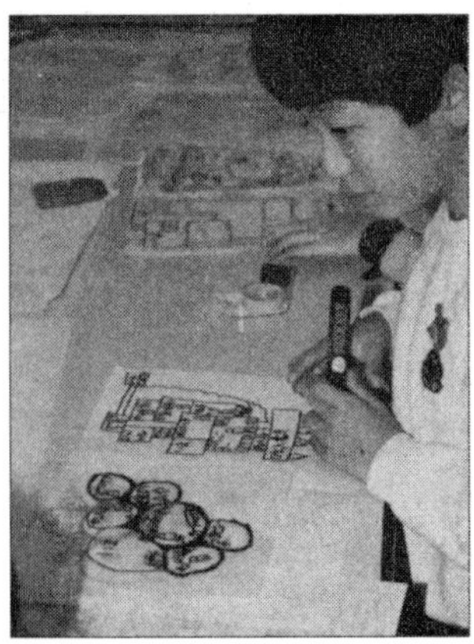

버블도표를 보며 평면도를 만들어 나갑니다

❹ 휴식

쉬는 시간에 어린이들이 그린 생쥐 집을 축소하여 복사합니다.

❺ 마을을 만들자

그룹별로 두꺼운 종이 위에 자신들이 만든 생쥐의 집과 길, 밭, 시냇물, 나무 등을 토론하여 디자인 해 봅니다.

❻ 마을에 대해 발표하는 시간

그룹으로 마을만들기 진행

6 카메라를 통해 마을을 살펴보자

「건축탐험 · 카메라 경연대회」

건축과 어린이들 네트워크 죠에쓰 (니가타현 죠에쓰시)

활동의 시작은?

- 죠에쓰시에 있는 [건축과 어린이들 네트워크]의 주최로 1994년 11월에 진행되었습니다.
- 목적은 마을의 명소와 건물을 다시 살펴봄으로써 다른 마을에는 없는 특징을 발견하고 마을의 문화와 역사, 건축 등에 대한 흥미를 갖는 기회를 제공하는 것입니다.
- 참가자들은 초등학생 26명, 고등학생 30명, 어른 11명.
- 지도자는 이나바 타케시 (공립여자대학 교수)

카메라 경연대회란 무엇일까?

어린이들 2~3명씩 그룹을 만들어 워크시트(지역의 지도와 퀴즈형식 문제)를 바탕으로 대상지역을 걸어보면서 워크시트에 나온 문제에 대해 이야기하고 찾은 답을 폴라로이드 카메라에 담아보는 게임 형태의 마을 살펴보기입니다.

카메라를 손에 들고 마을의 역사를 둘러봅니다

이런 순서로 진행 했습니다

❶ 카메라 경연대회의 규칙을 설명

❷ 폴라로이드 카메라를 다루는 방법을 설명 후 연습

❸ 카메라 경연대회를 시작

❹ 촬영한 사진을 앞에 붙여놓고 발표회 진행

❺ 채점과 평가

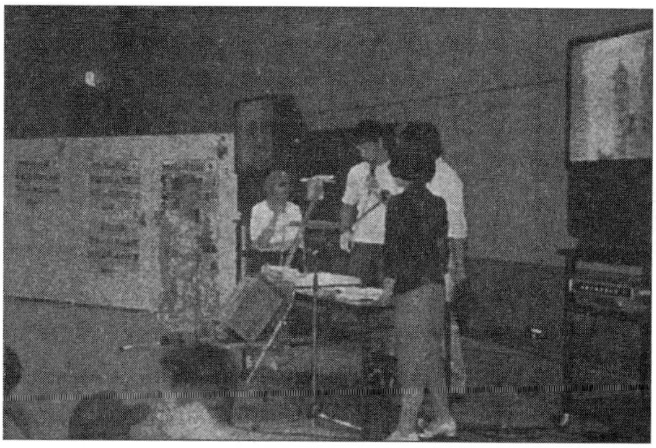

모두의 앞에서 발표합니다

참고 :「거리탐험 카메라 경연대회 실시 보고서」 공립여자대학 주거연구실 1994. 봄

사진출처 :「일본건축학회 기술보고집」 제1호 1995.12

칼럼

1994년 8월에 개최된 [니가타 아시아 문화제]에서는 러시아와 중국의 어린이들이 일본의 어린이들과 그룹을 짜서 [거리탐험 · 카메라 경주]를 진행 했습니다. 똑같은 대상물에 대한 느낌의 차이를 언어의 벽을 넘어 서로 전달할 수 있었습니다.

건축과 어린이들의 네트워크에 대하여

호소다 요우코

(건축과 어린이들 네트워크 센다이 대표, 센다이시 공무원)

건축과 어린이들 네트워크는 건축과 도시디자인의 요소와 프로세스를 통해서 어린이들에게 주위의 생활환경에 대해서 관심을 갖게 하고 어린이들의 자기학습능력, 문제해결력, 창조력을 높이기 위한 목적으로 활동하는 봉사단체입니다.

1990년에 일본건축학회의 이나바 타케시 선생님 (공립여자대학 교수)께서 일본에 처음 소개한 것을 시작으로 미국 환경교육 프로그램 「Architecture and children」 (이하 A&C로 칭함)의 연구와 보급 활동이 시작되어 어린이들을 대상으로 한 워크숍, 미국학교의 선생님과 건축가를 모신 세미나, 미국에서의 A&C를 추진하는 그룹이 탄생했습니다. 여기에서 각지의 그룹의 경험과 정보를 축적하여 공유와 교류를 통해 활동에 한층 더 힘을 가하기 위해 이나바 선생님을 일본의 대표로 쵸에쓰, 니가타, 센다이를 거점으로 전국조직을 구성하게 되어 1995년 10월 건축과 어린이들 네트워크가 설립되었습니다.

다양한 지역의 네트워크는 A&C 커리큘럼을 바탕으로 (센다이에서는 A&C와 같이 미국의 마을만들기 교육프로그램 「City Building Education」의 커리큘럼도 동시에 실시하고 있다) 지역의 특색을 담아서 학교교육과 지역교육의 장에서 수업과 워크숍을 실시하고 있습니다. 한편, 네트워크 전국 조직 설립의 첫 사업으로 활동의 기반이 되는 A&C 커리큘럼 일본어판이 1996년 4월~6월에 도쿄와 센다이에서 세미나와 전시가 진행되었습니다. 앞으로의 계획은 지금까지 해왔던 어린이를 위한 수업과 워크숍의 실천활동을 이어가고 다음과 같은 활동을 진행하는 것을 목표로 하고 있습니다.

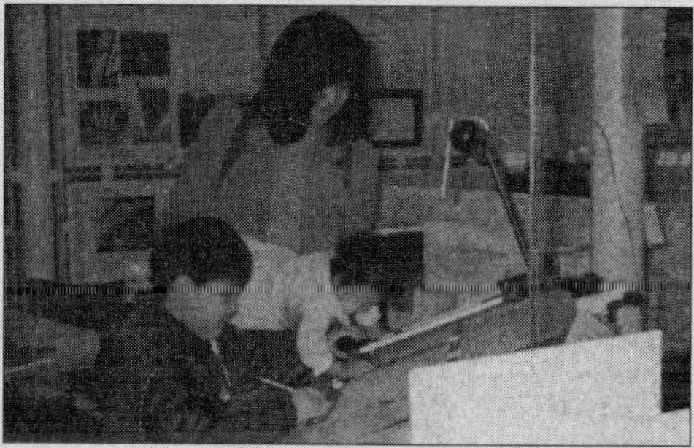

[건축~ 우리들의 공간] 전시 모습 (센다이시 과학관)

1) 학교 선생님을 위한 안내서를 만든다.
2) 지도자 양성 워크숍을 실시한다.
3) 일본을 소개하는 커리큘럼을 영문으로 출판한다.
4) 인터넷을 통해 세계의 어린이들과 소통한다.
5) 체험 중심의 전시를 만들어 순회한다.

7 마을만들기에 대해 의견을 내보자

「미즈마키 마을 중학생 의회」

미즈마키 마을 기획과 (후쿠오카현 온가군 미즈마키 마을)

활동의 시작은?

- 후쿠오카현 온가군 미즈마키 마을의 기획과가 중학생들에게 마을의회의 형태를 모방, 직접 재연하도록 해서 그 의견들을 마을만들기에 반영하는 기획입니다.
- 참가한 중학생들은 미즈마키중학교와 미즈마키미나미중학교의 학생대표 30명입니다.
- 본 회의에서는 날카로운 의견들이 나왔습니다.

이런 회의 였습니다

- 중학생들을 의장, 서기, 의원의 세 역할로 나누었습니다.
- 마을 측은 마을촌장 외에 부촌장, 교육장, 각 과장 전원이 출석 했습니다.
- 마을만들기에 대해서는 고령자 대책부터 학교의 설비문제까지 26개 항목에 걸쳐 폭넓은 질문이 나왔습니다.

긴장되네요!

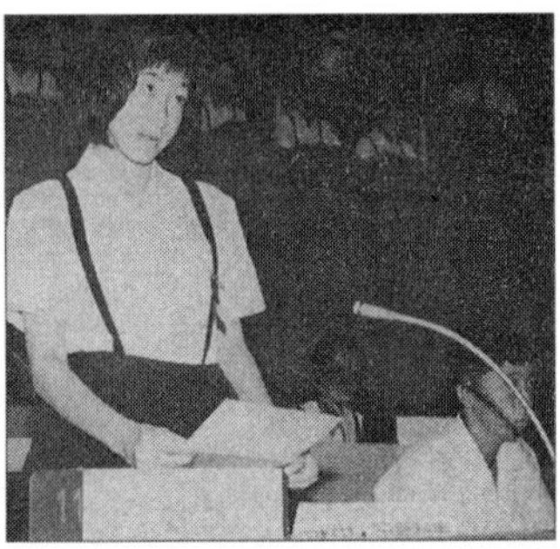

의원이 되어서 마을촌장님에게 질문하는 모습

참가한 중학생들의 목소리

사회수업에서 지방행정에 대해 배울 때부터 의회에 관심을 갖게 되었습니다. 자연을 소중히 하는 살기 좋은 마을만들기를 진행하면 좋겠습니다.

질문에 대한 응답과 자료가 미리 준비되어 있어서 놀랐습니다. 더욱더 자원봉사에도 신경을 써주면 좋겠습니다.

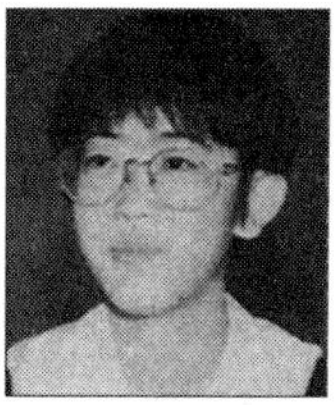

사진출처 : 「광보 미즈마키」 미즈마키 마을 1995.9

칼럼

의회 후, 참가자 전원으로부터 앙케이트를 받은 것이 중요한 포인트 입니다. 이러한 사례가 전국에서 많기는 하지만 지속성에 문제가 있습니다. 행정주도의 경우가 많으므로 앞으로 취해야 할 것은 아이들의 자발성 및 창의력을 존중하는 형태로 진행하는 것이 중요합니다.

I-2. 체험과 생각을 형상화 해보자

아이들은 「형상화 해보자」라는 목표가 있으면 무심코 놓쳤던 것들도 다시 한 번 돌이켜 보거나 곰곰히 생각해 보거나 합니다.
이 단원에서는 아이들이 체험한 것이나 생각을 스스로 다시 돌이켜 보며, 다양하게 표현하는 기회를 만드는 과정을 소개합니다.

1 걸리버 지도에 좋아하는 것을 그려 넣어 보자

「걸리버가 되어보자! 다이호니시 학구내를 돌아보자」
- 살고 있는 마을을 재확인하여 소개하는 시도 -
다이호니시 학구 (시가현 구리히가시 마을)

활동의 시작은?

- 시가현 구리히가시 마을에서는 1994년 시작된 주택마스터플랜 만들기를 계기로 주민 참여형 마을만들기를 추진하게 되었습니다.
- 다이호니시 학구는 크게 3개의 구역으로 나누어져 있는데 JR 구리히가시역 설치에 의한 개발의 진행으로, 급격한 인구증가가 예상되는 가운데 각각의 주민들은 서로 자신이 살고 있는 지역조차 잘 알지 못합니다. 그래서 다이호니시 주민회관의 요청으로 「먼저 3개의 구역진체를 알 수 있는 활동을 진행해보자!」라는 제안이 나왔습니다. 이것은 아이들이 걸리버(거인)가 된 것처럼 평상시와는 다른 시선으로 지역전체를 알기 위한 시도입니다.
- 다이호니시 지역진흥협의회, 다이호니시 주민회관, 다이호니시 아동관의 주최로 리쓰메이칸 대학의 이누이 토오루씨와 마을 토목관리과의 협력으로 바로 실행할 수 있었습니다.

이런 활동을 진행 했습니다

Step1 걸리버 지도에 익숙해지자 (15분)

- 우선 신발을 벗고 주택지도를 붙인 걸리버 지도 위에 올라갑니다.
- 자신의 집을 찾아서 색을 칠해봅니다.

Step2 좋아하는 만큼 그려 넣어보자 (60~90분)

- 내 주변의 여러 장소와 그곳의 유래, 추억의 장소, 마음에 드는 풍경과 자연, 생활에 필요한 장소 등을 하나 둘 그려나갑니다.
- 마을의 환경체크와 마을의 여러 가지 꿈과 희망, 제안 등도 써 나갑니다.
- 다른 사람이 쓴 것에 덧붙여 씁니다. 또 쓰고 있는 사람에게도 질문을 해 봅니다.

Step3 자랑대회! (60분)

- 마침내 완성한 [걸리버 지도]를 살펴보며 자랑대회를 엽니다. 각자 그려놓은 것들을 모두에게 보여주며 일장연설을 합니다.

  '여기서 가재가 잡혀'
  '이 길에 벚꽃나무가 너무 예뻐요'
  '여기 타코야키가 일품이야'

교실 안이 북적북적!

친구들과도 같이 써봅니다

그리고, 쓰고, 그리고,,, 계속해서 이어갑니다

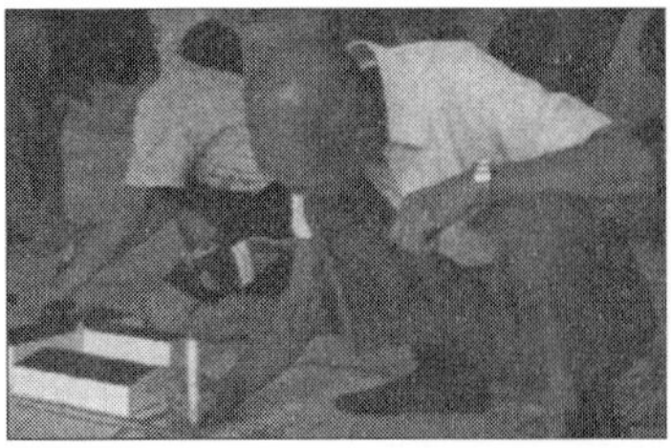

어른일수록 다양하게 쓸 것이 많습니다

머리를 맞대고 자랑할 만한 것을 살펴봅니다

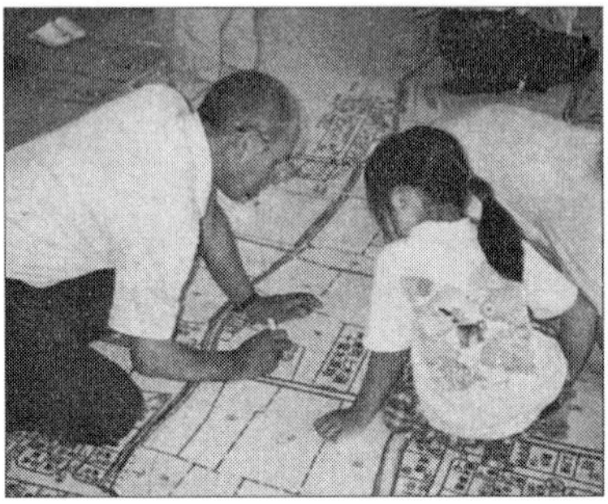

아빠도 딸도

자기가 그린 그림을 자랑합니다

사진제공 : 이누이 토오루

[자랑대회] 개최에 대한 일담

칼럼

당초의 프로그램에서는 자랑대회가 예정되어 있지 않았습니다. 1시간 정도 계속되는 걸리버 지도 만들기 작업에 열중하는 어른들과는 대조적으로 아이들은 지쳐가는 모습이었습니다. 장시간의 작업으로 인한 집중력의 한계와 더불어 다이호니시 학구에 이사 온 지 얼마 되지 않은 주민들도 많이 참여한 가운데 그 자녀들도 아직 현 마을에 대한 정보가 미흡하고 학교를 중심으로 한 일상의 생활로 인해 활동 범위가 좁은 점 등 때문에 걸리버 활동에 싫증 나 버린 것 같았습니다. 그래서 긴급 [자랑대회]로 프로그램을 전환시킨 것입니다.

2 마을 걷기를 통해 걸리버지도를 만들어보자

[미카즈키 길목 탐험대]
– 마을의 보물을 발견해서 지도상에 표현해보는 시도
고치시 미카즈키 초등학교(고치현 고치시)

활동의 시작은?

- 고치시의 미카즈키 초등학교에서는 2학년들의 학부모 참여행사로 [미카즈키 길목탐험대]를 시도했습니다.
- 시작은 약간 매너리즘화 된 PTA 주최의 학부모 참여행사를 재미있게 하려고 하타나카 토모코씨가 생각하게 된 것입니다.
- 처음에는 힘들다고 주저했던 아주머니들도 지바대학의 키노시타 이사오씨를 따라서 플레이워크숍과 모임준비를 거듭해 나갈수록 참가자들의 인원도 늘어갔습니다.
- 도쿄도(東京都)의 행정 공무원과 대학생들의 도움으로 프로그램에 대한 다채로운 아이디어들이 쏟아져 나왔습니다.

걸리버지도 앞에서 기념촬영

국왕이 걸리버지도를 소개합니다

이런 활동을 진행 했습니다

Step1 탐험 프롤로그 (30분)

- 먼저 주택 지도를 붙여 만든 걸리버지도 안에서 자신의 집을 찾아 색칠해 보는 '지도 익히며 집 찾기' 를 해보았습니다.
- 4개 반의 이름을 [물의 왕국] [꽃과 녹음의 공화국] [생물 공화국] [시간여행 랜드]로 지었습니다.
- 탐험에 앞서 [왕국으로 부터의 비밀 명령문]이 전달되었습니다. 여기에는 수수께끼 인물과의 대화내용이 쓰여 있었습니다.

Step2 탐험대 출발 (60분)

- 수수께끼 인물과 암호를 주고받으면, 전통놀이를 수행하라는 미션을 받습니다.
  이것을 해내지 않으면 탐험 미션지를 받을 수 없다!
- 간신히 끝마치면 미션지를 건네받습니다. 이 두루마리에 적힌 내용에 따라 마을을 탐험해 나갑니다.
- 도중 길목에서 대기하던 할아버지로부터 옛날이야기를 전해들은 반도 있었습니다.

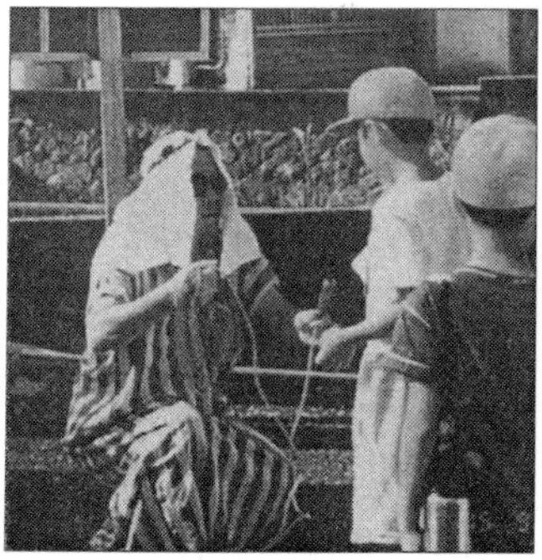
수수께끼의 인물로부터 줄넘기를 건네받으며

길목에서 이름을 부르면 짠하고 나와서 예전 마을의 모습에 대해 얘기해 주는 할아버지

Step3 각 나라의 지도만들기 (45분)

- 탐험하면서 발견한 것, 놀랐던 것, 재미있었던 것 등을 걸리버지도에 써본다.
- 따온 꽃잎을 붙이거나 할아버지에게 들었던 이야기를 그림으로 그려서 붙여보거나.

Step4 회수한 보물을 발표 (20분)

- 완성한 걸리버지도를 줄에 매달고 품평회를 한다.
- 각 나라의 국왕인 어린이 대표가 지도에 그린 보물에 대해 소개한다.

Step5 걸리버가 되어 여행하기

- 걸리버지도 위에 앉아보거나, 걸어보거나, 누워보거나. (시간이 허락하는 만큼)

깡통과 옷걸이는 강가에서 주어 온 쓰레기

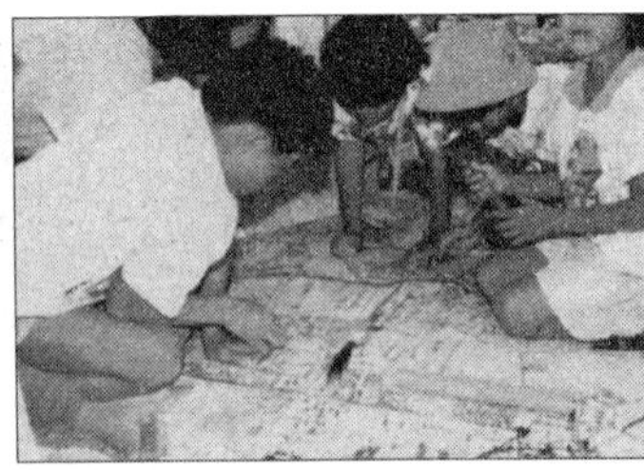

'여기 가재가 잡히는 곳이지?'
'여기 아니야'
'지도로 보니 잘 모르겠네!'

사진제공: 하타나카 토모코

선구자의 한마디

(2학년 임원들로부터 보호자들에게 보낸 편지에서)

이번 걸리버지도 만들기 활동에는 많은 서포터들이 있었습니다. 많은 분들이 함께 즐기면서 도와주셨습니다. 부모님과 선생님 외의 이러한 분들과 함께하는 것이 조금은 어색했지만 재미있는 일도 많았고 또 이러한 협력이 있었기에 가능했던 부분도 컸다고 생각합니다. 학부모 참여행사도 다양한 방식으로 진행 할 수 있구나 라는 「생각(의식개혁)」도 하게 되었습니다.

칼럼

걸리버지도 탄생의 주역
나카무라 마사히로 씨의 한 말씀

1998년 다양한 지도들 중에서 자신의 마을을 발견하기 위해 개최한 「지도전」이 걸리버지도의 시작이었습니다. 개최지인 세타가야 전체를 느낄 수 있는 지도가 있다면 재미있을 것 같아서 각 주택의 지도들을 이어 붙여서 만들었습니다. 방문자가 지도에 자유롭게 써넣어보는 시도도 굉장히 즐거웠습니다.

결과가 재미있어서 당초에는 생각하지 못했던 하나하나를 지도에 그려나가는 '걸리버의 발자국 쫓기'를 하였습니다. 보통 구나 시에서도 막연한 이미지 밖에 없다고 생각했던 자기 집도 5미리 정도이고 구 전체는 3, 4보(步) 단위라는 크기라든지, 자기 집의 정확한 위치도 알게 되고, 마을 전체와 개개인의 집은 일정한 관계가 있다는 것을 알려주고 싶었습니다. 이런 것들이 마을만들기의 참가로도 이어졌으면 하는 바람입니다.

3 마을을 재현시켜보자

[미술대학 · 와이즈미 물이 샘솟는 프로젝트]

– 마을에 있는 것으로 만드는 마을의 이미지

스기나미 구립 와이즈미 중학교 미술과 · 무사시노미술대학 박물관 실습 (도쿄도 스기나미구)

활동의 시작은?

- 1994년 여름 도쿄도 스기나미구에 있는 이즈미 중학교에서 진행한 [학교미술관 구상전]이 시작입니다. 이 활동은 같은 중학교 미술선생님이신 무라카미 타카시씨를 중심으로 학교안의 예술작품들을 모아 미술관을 만들어 학생들이 일상생활에서 예술작품을 감상할 수 있는 기회를 만들어 주는 것이 목적이었습니다.
- 이 [학교미술관 구상전]에 동의한 무사시노 미술대학의 오요베가츠히토씨와 같은 학교 대학생 24명이 중심이 되어 1995년 여름에 열린 것이 본 프로젝트입니다.
- 이 프로젝트의 목적은 아이들에게 마을 안에도 여러 사람들이 생활하고 있고 다양한 활동들이 있다는 것을 알려주기 위함과, 각자가 마을을 보는 관점의 공유화였습니다.

이런 활동을 진행 했습니다

첫째날

Step1 커뮤니케이션 게임 실시

- 아이들의 긴장을 풀어주고 서로 가까워지기 위해 몸을 이용한 게임을 해보았습니다.

커뮤니케이션 게임

Step2 그룹편성과 자기소개

- 참가자는 초등학생부터 고등학생까지 다양하여 같은 연령끼리 나누었습니다.
- 학교를 중심으로 참가한 아이들은 집을 지도에 그려 넣어 보고 그림 끝말잇기 등을 통해서 서로에 대해 알아보는 시간을 가졌습니다.

Step3 마을을 걸으며 괜찮은 곳 찾아보기

- 그룹별로 마을에 나가보았습니다. 참가한 아이들이 이 마을에 처음 방문한 학생을 안내해주기로 했습니다.

마을을 걸으며 "냄새"를 맡아 봅니다.

- 사전 경로는 따로 정해져있지 않습니다.
- 점심시간은 중요한 커뮤니케이션의 기회이므로 그룹별로 모여서 먹게 하였습니다.

Step4 마을에 있는 폐품들을 주어오자

- 마을을 둘러보며 쓸 만한 것들을 주어오게 했습니다.
- 사전에 페인트, 줄, 포장테이프는 넉넉히 준비해 두었습니다.

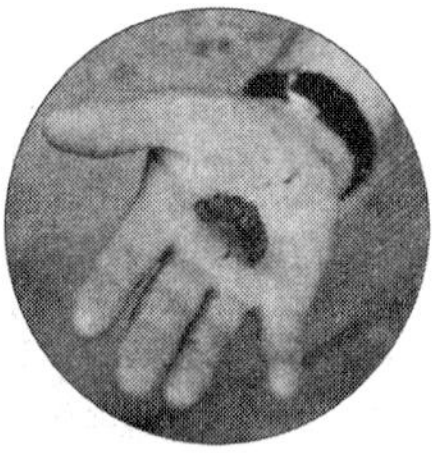

매미의 허물을 발견!

여기 있다 폐품들!

잘린 나뭇가지들도 잘하면 충분히 사용할 수 있을 거야

둘째날

Step5 자신들이 느낀 마을의 모습을 만들어보자

- 폐품을 이용해 각 그룹별 취향에 맞는 재현물을 만들어 보았습니다.
- 재료가 모자라면 수시로 마을에 나가 보충해 옵니다.

Step6 발표회

- 발표 스타일은 각자가 다양하게 느낀 마을의 재현을 탐색해보는 형식으로 진행되었습니다.
- 사회자인 학생이 팀들을 인터뷰 해보았습니다.

- 모든 팀의 작품을 본 후에 참가자와 토박이학생이 어릴 적 기억을 토대로 한 연극으로 마무리 하였습니다.

이렇게 멋진 마을이 재현되었습니다.

사진제공 : 오요베 가츠히토

무대 뒤 이야기

학생대표 아라카와 마사키군의 한마디

이 프로젝트는 무사시노 미술대학 학생이 먼저 스스로 워크숍을 체험해본 것을 토대로 1주일이라는 주어진 시간 안에서 프로그램을 기획하였습니다. 각각의 감성으로 워크숍을 진행하고 학생 측의 공통인식으로 정리해 가는 것이 인상적이었습니다.

친한 친구들 사이에 소문이 퍼진 「말하는 너구리」를 찾으러 가거나 어느 샌가 사라져버린 「큰 그루터기」 뒤의 모래땅을 발로 따라 그리면서 마을을 안내받으며 이 마을에 거주하지 않는 학생이 그들의 [지도=오브제]를 만드는데 도움을 줄 수 있게 되는 등 다양한 단계를 걸쳐 단순히 마을의 축소지도가 아닌 새로운 작은 마을을 만들 수 있었다고 생각합니다.

4 그림지도를 만들어보자

[이와키 그림지도 콩쿨]

이와키 시립 타카쿠 초등학교 (후쿠오카현 이와키시)

활동의 시작은?

- 이와키시의 타카쿠 초등학교 교사 이소자키 하루미 선생님의 책상 위에 있던 「이와키시 그림지도 콩쿨」 포스터를 보게 된 여학생들이 도전해보고 싶다고 한 것이 계기였습니다.
- 이와키시에서는 1993년부터 「마을만들기 콩쿨」을 실행하고 있습니다. [초등학생 이하부]와 [일반부]로 나뉘어져 어른들도 아이들도 자유롭게 참가할 수 있습니다.

이런 활동을 진행 했습니다

Step1 커뮤니케이션 게임 실시

- 아이들의 긴장을 풀어주고 서로 가까워지기 위해 몸을 이용한 게임을 해보았습니다.

Step2 팀을 만들다

- 한 팀에 5~6명을 기준으로 아이들이 자기가 하고 싶은 테마를 고를 수 있도록 배려.

Step3 지역정보를 수집한다

- 팀별로 분담해서 지역관찰과 히어링을 진행했습니다.
- 노인들과 교류해보는 좋은 기회였습니다.

Step4 그림지도를 작성한다

- 아이들이 조사해 온 것을 지도에 그려 넣기 전에 카드에 써보게 합니다.
- 모조지를 펼쳐 마을의 주요도로는 선생님이 연필로 그려서 대략적인 규모를 알려줍니다.
- 각자 작성한 카드를 지도 위에 놓고 그림과 색을 칠해봅니다.

Step5 콩쿨 대회에서 그랑프리 수상

- [타카쿠 너무 좋아] 라는 제목의 4장의 그림지도는 마침내 그랑프리를 수상했습니다.

〈1993년도 그랑프리 수상〉

[타카쿠 너무 좋아] 라고 이름을 붙인 4개의 그림지도가 완성되었습니다

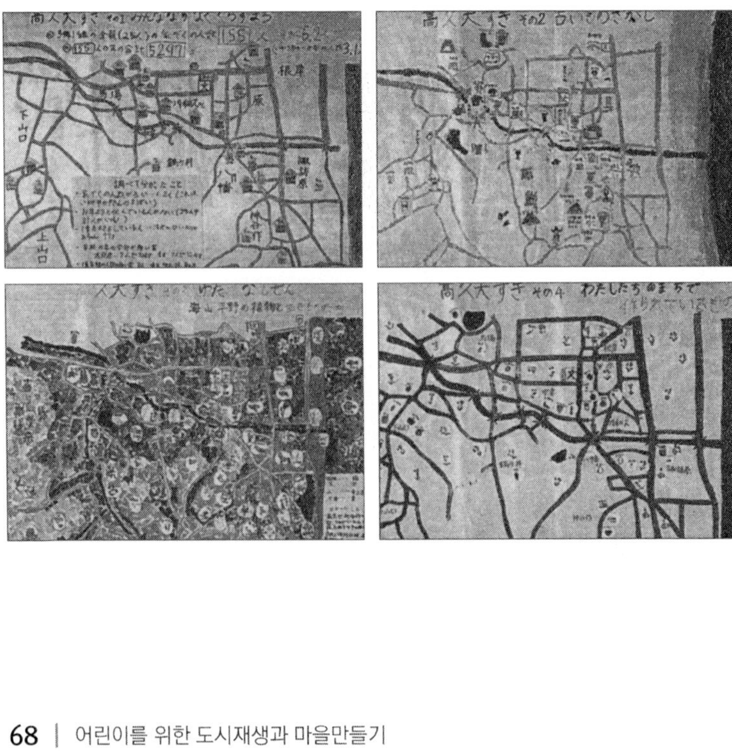

〈1994년도 그랑프리 수상〉

타카쿠에 전해 내려오는 옛날이야기 2개를 정해서 그림연극으로 나타냄

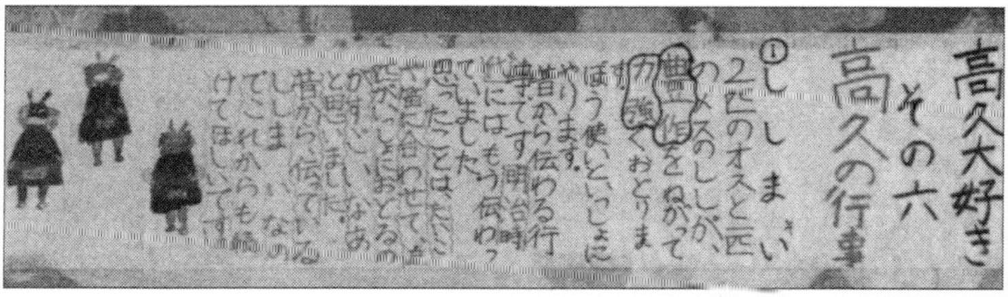

타카쿠의 오래된 행사를 그림 두루마리로 나타냄 (설명이 곁들여 있음)

이와키의 사투리를 조사해보았습니다

이소자키 선생님의 한 말씀

–전 타카쿠 초등학교 교사, 현 사토가오카 초등학교 교사–

어린이들에게 설문조사를 해 본 결과 대부분의 아이들이 '지금까지 잘 몰랐던 것들이 그림지도를 만들면서 알게 되었다'라는 의견과 '정말 즐거웠다. 내년에도 다시 만들어 보고 싶다.'라는 의견도 많았습니다.

이 콩쿠르에 참가해서 아이들과의 정이 더욱 깊어진 것 같아서 참가하길 참 잘했다고 생각합니다.

칼럼

그랑프리 수상 금액 100만 원은 아이들의 의견으로 한신대재난의 수재 지원금으로 쓰였습니다. 그리고 아이들은 그랑프리에서 받은 거대수표를 들고 학교 안을 줄지어 행보한 모양입니다.

1995년도에 이소자키 선생님께서는 다른 학교로 전근을 가셨지만 아이들끼리 서로 힘을 모아 [마을만들기 콩쿨]에 역작을 출전시켰습니다.

사진출처 : 「어른과 어린이의 그림지도 콩쿨 작품집」 이와키시 1994.10
「제1회 이와키 집과 거리문화상 작품집」 이와키시 1995.11

5 시민센터의 마당을 공원으로 조성하자

「골목대장 IN 카시와기 '94 초등학생 건축교실」

건축과 어린이들 네트워크 센다이 (미야기현 센다이시)

활동의 시작은?

- [건축과 어린이들 네트워크 센다이] 에서는 1994년 7월에 모임 장소가 된 카시와기 시민센터의 마당을 이용해 "만약 여기가 공원이라면 어떤 공원을 만들고 싶니?"라는 문제를 워크숍 형태로 생각해보게 하였습니다. 프로그램은 [ARCHITECTURE AND CHILDREN]에 의거해서 워크숍을 소개한 책인 [참가의 디자인 도구상자] (세타가야 마을만들기 센터)를 참고하여 만들어진 것입니다.
- 이 틀로 나눠서 초등학생 3, 4학년과 5, 6학년 각각 십여 명 정도가 참가하여 공원을 디자인해보았습니다.

자신들이 디자인한 공원에 대해 설명합니다

이런 활동을 진행 했습니다

❶ 워밍업

- 비례감을 몸에 익히기 위해 2인 1조가 되어 상대방의 몸의 치수를 재어봅니다.

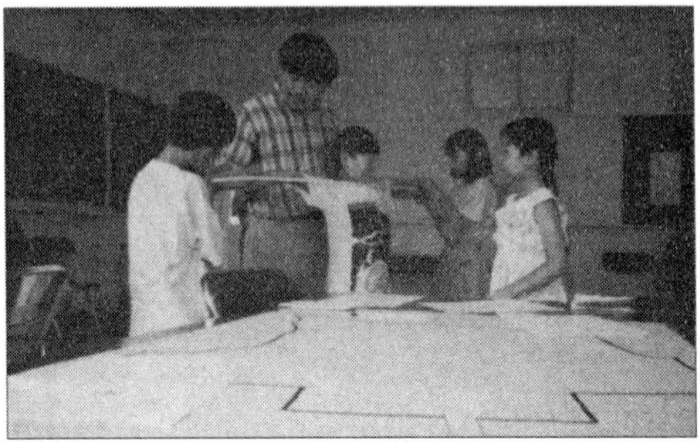

서로 몸의 치수를 재면서 워밍업

❷ 설계 의뢰

- 배치도를 펼치고 창밖으로 마당을 보며 실제크기와 다른 점을 살펴봅니다.
- 「마당이 공원이라면 어떤 디자인으로 만들고 싶니?」라는 설계 의뢰를 합니다.

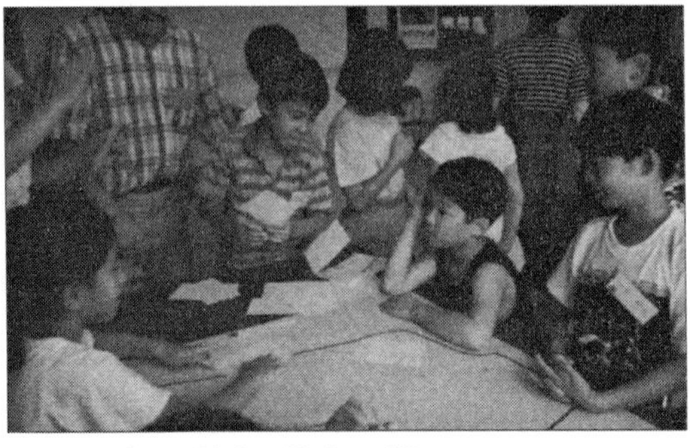

'어떤 공원으로 할까?' 함께 고민중

공원의 평면도를 만들고 있는 모습

❸ 공원에 필요한 것을 카드로 만들어 봅니다

- 먼저 「어떤 공원으로 만들까?」에 대해 그룹 전원이 의논합니다.
- 다음으로 한 사람 한 사람이 생각한 '공원에 필요한 것'에 대한 이미지를 카드에 써봅니다.
- 카드를 보면서 그룹 모두가 필요한 것을 정하기 위해서 이야기합니다.
- 도중에 다음과 같은 질문을 던져보았습니다.
  · 공원을 이용하는 사람은 어떤 사람들인가?
  · 아이들만 생각한 건 아닌가?
  · 어른들도 즐기기 위해서는 무엇이 있으면 좋을까?

❹ 공원 설계

- 원하는 내용의 카드를 보면서 공원의 평면도를 디자인합니다.
- 색도화지로 나무와 물 주변도 열심히 디자인해봅니다.

❺ 발표

「우리의 공원」발표

사진제공: 건축과 어린이 네트워크 센다이

선구자의 한마디

요메쿠라 마사오씨 (건축과 어린이들 네트워크 센다이)

이 워크숍은 카시와기에 살고 있는 사람으로부터 의뢰가 왔었다는 것을 토대로 건축설계와 마을만들기 과정을 통하여 어린이들로 하여금 생활환경에 대한 의식을 높혀 창조성을 고양하는데 있습니다.

이 프로그램은 어린이들에게 마을만들기를 가르치는 것이 아니라 '마을만들기와 설계과정 · 디자인' 을 활용한 종합학습입니다.

6 미래마을의 시민이 되어 마을을 만들자

[미래마을을 만들어보자]

건축과 어린이들 네트워크 센다이 (미야기현 센다이시)

활동의 시작은?

- [건축과 어린이들 네트워크 센다이] 등이 1994년 센다이시에서 진행한 [미래마을을 만들어보자] 워크숍에 도린 넬슨 선생님(캘리포니아 주립 공과대학 교수)을 강사로 초빙했습니다.

[미래마을을 만들어보자] 진행 모습

주최 : 일본건축학회 동북지부, 미야기현 건축사회, 건축과 어린이들 네트워크 센다이. 이 밖에 1995년 11월, 일본건축학회 동북지부 주최의 [부모와 아이의 건축 강좌]에서도 진행되었습니다.

- 이것은 넬슨 선생님께서 개발한 교육프로그램 [CITY BUILDING EDUCATION]에 의거하여 마을만들기를 통해서 창조력을 키우는데 초점을 둔 워크숍입니다.
- 초등학교 5 · 6학년 35명과 18~20세의 전문학교 학생 11명이 함께 미래의 마을만들기를 진행해 보았습니다.

이런 활동을 진행 했습니다

❶ 워밍업

- 빨대를 활용하여 타워를 만들어 본다.

❷ 미래마을 설정

- 먼저 만들어 놓은 모형을 기준으로 100년 후 마을의 미래 이미지를 설명합니다.

❸ 마을의 규칙 만들기

- 아이들과 이야기하며 마을에 필요한 것, 필요 없는 것에 대한 리스트를 작성합니다.
- 최종적으로 2만 명이 사는 마을을 만들자!

지역별로 만들어갑니다

❹ 행정 담당자를 정한다

- 시장님, 주택, 교육, 공원, 교통, 산업, 환경보호 등의 담당관을 정합니다.
- 구청장을 선출합니다.

❺ 각 지구의 마을만들기

- 중간에 시의회를 열어 어떤 문제들이 있는지, 그 해결방법을 이야기해 보았습니다.

❻ 전체조정

- 각 지구에 모여서 다음의 것들을 확인해봅니다.
(주택은 넉넉한지? 도로가 부족하면 당장 만들자!)

❼ 발표

- 각 지구에서 한 가지, 이것만은 모두에게 알리고 싶다고 생각하는 것을 골라 발표해 봅니다.
- 처음에 만들어 놓은 리스트를 체크해봅니다.
  · 인구는?
  · 공해의 위험성은?

주택을 더 짓자

· 물과 식재료는?

· 공원은? 나무는 어느 정도 베었는지?

· 가게는? (혹은) 점포는?

· 시의 행정시설은? 교육시설은?

시장이 처음에 만든 리스트를 검토해 봅니다

사진제공: 건축과 어린이 네트워크 센다이

7 내가 만든 집으로 마을을 꾸미자

[어린이들을 위한 마을만들기 스쿨]

요코하마시 이즈미구 건축과 (가나가와현 요코하마시)

활동의 시작은?

- 요코하마시에서는 각 구의 특징을 만들어내기 위한 사업을 전개하고 있습니다만, 이즈미구 건축과에서 1993~95년 여름방학에 초등학교 3~4학년 80명을 모아 4일간 [이즈미구 어린이들을 위한 마을만들기]를 실행했습니다.

- 구에서는 환경의 지표가 되는 동물지도 만들기를 계획했지만 우선은 아이들에게 주변의 집과 도로 등의 환경을 알게 하는 것이 먼저라 생각하고 시작하게 된 것입니다.
- 학교교육과는 다른 가치관을 전달해주기 위해 구청의 공무원들로 프로젝트 팀을 구성했습니다. 요코하마 건축사무소협회와 대학, 고등직업기술학교 등 건축가와 학생, 전철회사 등의 도움을 받았습니다.

이런 활동을 진행 했습니다

1일째 (거의 하루)

마을을 탐험하자

- 새로 생긴 거리와 오래된 거리 등 다양한 곳을 돌아보고 마을에 대한 이미지를 넓혀갑니다.
- 마을의 유적 · 유물을 찾아보거나 낡고 큰 저택에 방문해보는 등의 평상시에 해볼 수 없는 체험을 합니다.

2일째 (3시간 정도)

집에 대해서 이야기와 그림으로 공부하자

- 집에 대한 이미지를 넓히기 위해 사막의 파오, 몽골인들의 집 게르. 바오밥 나무집, 매우 좁은 부지에 세워진 집들의 모형을 소개합니다.

어떤 집에서 살고 싶니

- 도화지에 살고 싶은 집을 스케치 해보고 모두에게 발표하며 의견을 나눠봅니다.

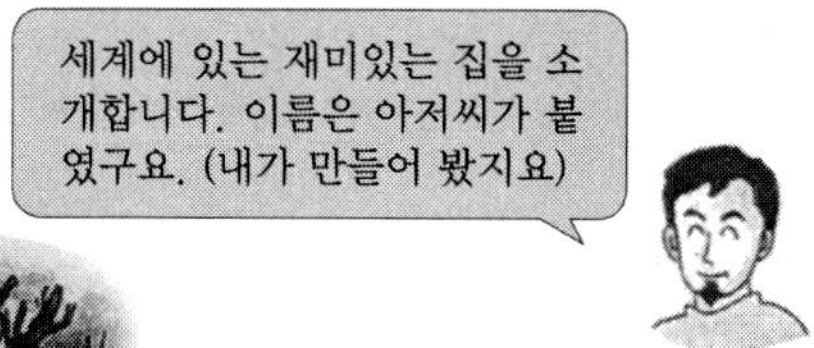

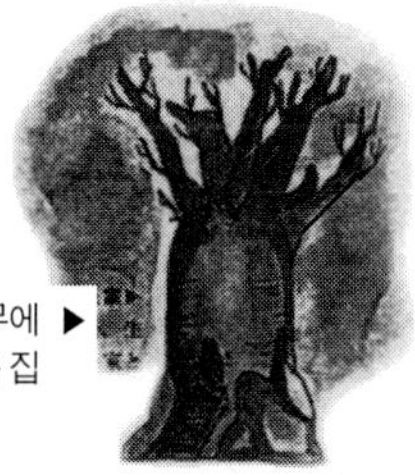

바오밥나무에 ▶
구멍을 뚫어 만든 집

▼ 곤충하우스

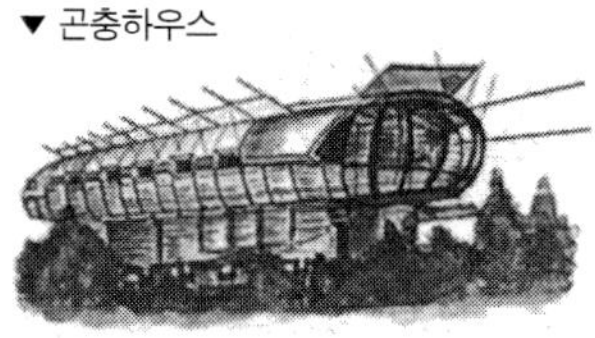

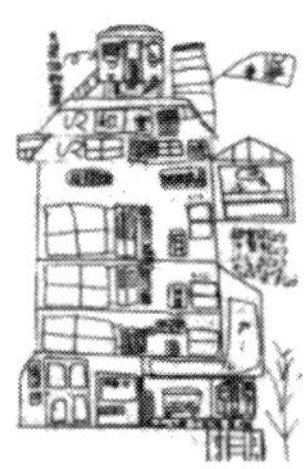

3일째 (4시간 정도)

만들어 보자! 살고 싶은 내 집

- 우드락을 카터칼로 자르면서 스케치한 집의 모형을 만들어갑니다.

4일째 (4시간 정도)

마을만들기 게임

- 아이들이 만든 집의 모형을 기준으로 마을을 만들어갑니다.
- 처음에 강과 나무만 있는 커다란 종이를 준비해서 마을만들기 게임규칙을 정해놓습니다.

- 다음으로 개척하러 왔다고 생각하고 아이들에게 자유롭게 집을 놓아보게 합니다.
- 그것을 보면서 [어떤 것이 마을에 부족한가] [어떤 마을을 만들고 싶은가]등의 작전회의를 합니다.
- 다시 한번, 집 모형을 옮겨 놓아보고 부족한 시설을 더해보고…
- 마지막으로 자신들 마을의 장점을 발표합니다.

사진출처 : 「미래마을의 패스포트」 요코하마시 이즈미구

협력자의 한마디

야마구치 아키히로 (건축가)

오늘날의 학교에서는 시간을 들여 아이들의 개성을 살려주지 못하는 상황입니다.

마을이나 건축에 대한 것들도 가정시간, 미술시간, 사회시간에서 조각조각 전하고 있을 뿐입니다. 그것을 하나로 연결하면 아이들은 쉽게 이해할 수 있을 텐데, 그래서 우선 학교 밖에서 시도하려고 했던 것입니다.

현지의 오이소마을 초 · 중학교에서 같은 활동을 진행하고 있습니다. (처음 야마구치씨가 오이소의 초등학교에서 진행한 모습이 건축잡지에 게재되면서 시청에서 야마구치씨에게 도움을 요청한 것이라 합니다)

8 평소와 다른 시점으로 마을을 바라보자

손과 눈의 모험광장 [쌓는 모양+엮는 모양 II]
A코스–도시의 집짓기 놀이
메구로구 미술관 (도쿄도 메구로구)

활동의 시작은?

- 도쿄도의 메구로구 미술관에서는 〈손과 눈의 모험광장〉이라는 기획전 시리즈가 매년 여름 열리고 있습니다.
- 1995년에는 [쌓는 모양+엮는 모양Ⅱ~메구로구 미술관 토이 콜렉션~]이 개최되었습니다. 이것과 관련해서 [워크숍–도시의 집짓기 놀이]가 기획되었습니다.
- 산과 자연 속에서 노는 것처럼 마을에서도 뛰어놀기 위해서는 마을에 대해 잘 알아야합니다.
- 따라서 이 워크숍에서는 내 주위의 것들에 대한 재질과 척도의 짜임새에 대해 조사해보고 건축의 역학관계를 체감하며 또 직접 만든 미니건물들로 하나의 마을을 구성하는 작업을 4일간에 걸쳐 진행하였습니다.

이런 활동을 진행 했습니다

1일째

Step1 집짓기 놀이를 하자

● 좋아하는 나무 조각으로 놀아보자

[누가 가장 높이 쌓을까?]

[내부도 만들어보자]

● 아치 만들기

- 고르지 않은 나무 조각을 쌓아서 아치를 만들어 통과해보자

● 세계의 다양한 돌을 탐험하다

다양한 색깔의 목재로 만든 아치

Step2 모듈(척도,치수)을 만들자

● 다양한 척도에 대해 알아보기

- 척(尺), 피트, 다다미의 크기, 평의 의미

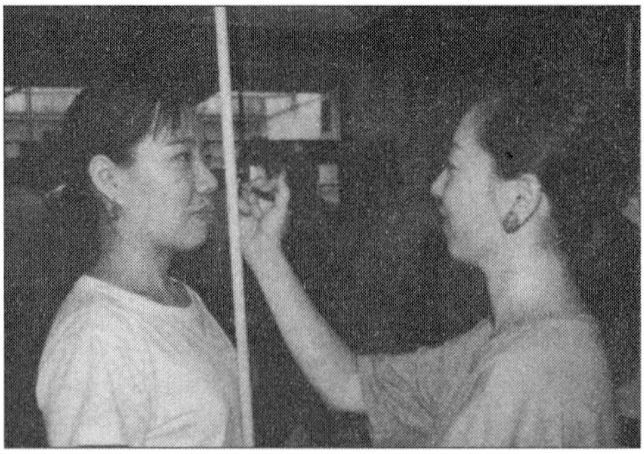

이것이 소문의 [스케일 막대] 만들기로 눈, 코, 배꼽, 팔꿈치 등의 위치를 새겨봅니다

- 비트루비우스[*1] 의 인체비율 흉내내보기
  - 벽에 자신의 몸을 대고 그려서 치수재기
- 모듈 [개량 막대[*2]] 만들기
  - 자신의 몸을 잰 치수로 자신만의 치수막대를 만들어 보자
- 단편영화 [Powers of Ten[*3]] Charles & Ray Eames 감상하기

[*1] **비트루비우스**

고대 로마시대의 건축가로 인체비율 구조도 고안. 후에 이것을 기초로 하여 그린 미켈란젤로의 휴먼스케일 구조도가 유명함.

[*2] **모듈 [개량 막대]**

모듈은 설계할 때 기본이 되는 치수, 치수 체계의 하나. 필요로 하는 길이를 임시막대에 표시하여, 누구라도 반복해서 측량할 수 있도록 만든 막대를 건축현장에서는 [개량 막대]라고 부른다.

[*3] Powers of Ten

건축과 마을의 모습을 다양한 각도에서 새로운 이미지로 재구성한 실험적 단편영화

2일째

Step3 거리의 치수채집

- 거리의 치수라는 의미를 알아보자
  - [왜 생물의 다리는 수레바퀴가 아닌가?]
  - 거리에 있는 물건의 치수이야기

- 거리에서 내가 좋아하는 장소를 찾아보자

Step4 거리에 나가보자

- 거리에서 채집

스탭4 ① 스케일막대로 거리를 측정한다

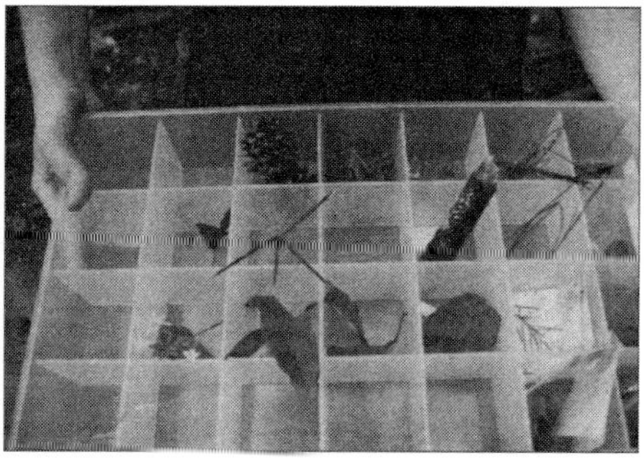

스탭4 ② 거리에서 수집한 재료의 표본상자를 만든다

스텝4 ③ 프로타주 기법[*4]으로 거리의 텍스처 채집 및 거리의 색을 채집

Step5 거리의 콜라주

- 거리에서 수집한 것들을 콜라주[*5] 해보자

 – 위에 것, 중간 것, 무릎 밑 위치의 것으로 나눠서 만들어보자

- 수집한 것으로 내가 좋아하는 장소의 이미지에 대해 이야기해보자
- 내가 원하는 건물을 만들어보자

Step6 내가 좋아하는 장소, 건물을 만들자

- 그 건물은 무엇입니까?
- 내가 고른 건물의 내부를 들여다보자
- 건물의 치수와 같은 비례의 미니어처를 만들어 보자

[*4] **프로타주**

대상물에 얇은 종이를 덧대고 크레용 등으로 문질러서 표면의 요철을 복사하는 기법

[*5] **콜라주**

사진, 색지, 천 등의 2차원 소재와 돌, 캔, 구슬 등의 3차원 소재를 자유로이 자르거나 중첩시키면서 화면 위에 붙이는 기법

4일째

Step7 완성한 거리를 탐험

- CCD 카메라로 마을을 살펴본다
- 비디오 클립을 만든다

Step6 내가 좋아하는 장소, 건물을 만들자

- 내가 만든 건물을 좋아하는 장소에 놓아보자
- 부족한 것은 어떤 것일까?
  - 도로, 공원, 녹지, 강, 발전소, 등등

우리들만의 '마을' 안에서 기념촬영

사진제공 : 스즈키 아키/ 메구로구 미술관 (촬영: 오카가와 준코)

스즈키 아키라씨의 이야기

칼럼

이 워크숍의 기획과 추진을 맡은 스즈키 아키라씨는 이번 워크숍에서 사용한 방법에 대해서 이렇게 말하였습니다. "반원모양의 틀 위에 나뭇조각을 쌓아서 아치를 만들지요?" 그런데 "틀을 뽑으면 어떻게 될까요?" 모두들 집중하여 해 보았습니다. 재료를 쌓고 틀을 뺀 순간, 착 소리가 나면서 중력에 걸려 지금까지 불안정했던 것이 단단하게 맞혀진 것입니다. 평소에는 규모가 너무 커서 인식 할 수 없었던 건축의 역학을 체감하는 순간입니다. 이렇게 해서 모두가 신선한 놀라움을 공유합니다. 또 ' 스케일 막대 '의 경우 역시 ' 자신의 신체치수로 거리를 측정한다 ' 라는 일반상식이 아닌 새로운 관점으로 도시를 알아봅니다. 어른들과 아이들 모두가 정확한 정답을 알지 못하는 영역이기에 같은 곳에서 서로 자극을 줍니다. 이러한 과정 속에서 새롭고 창의적인 생각이 탄생하는 게 아닐까 생각해 봅니다.

〈조형〉 워크숍 후기

오요베 카츠토
(무사시노 미술대학 교수)

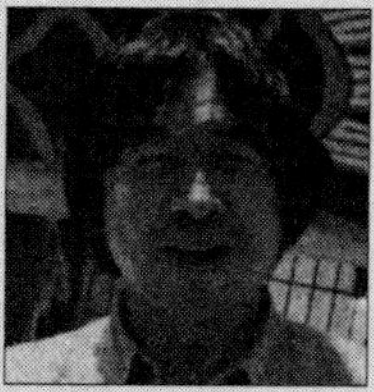

저는 1979년에 '민중연극 워크숍'과 만나게 되었습니다. 연출가 호리타 마사히코씨가 인도에서 개최된 농민연극회의에 참석했을 때 필리핀 연극집단인 PETA의 '민중연극 워크숍'을 접하게 되었고 이후에 검은 텐트의 배우들과 필리핀을 재방문해서 배워온 것입니다. 20회를 거듭한 세타가야의 봉사활동 그룹에 의한 잡거(雜居)축제와 아시아 민중연극회의 1983의 워크숍 덕분에 만남이 잦아졌습니다.

1983~86년에는 세타가야구 도시디자인실에 의한 '만남이 있는 마을만들기(우메가오카 지역)'에서 워킹스탭이었던 사이토 케이코씨는 중학생들과 함께 마을에 있는 화초의 기억을 보도의 포석에 살리기 위한 워크숍을 진행하였는데 이것이 공식으로 이용된 첫 케이스라고 합니다. 이와 병행해서 로렌스 할프린의 워크숍을 연구하고 있던 키노시타 이사무씨도 '3세대 놀이터 도감' 만들기를 1982년부터 세타가야에서 시작하였고 이러한 작업들이 거듭되어 이를테면 세타가야 스타일이라고 할 수 있는 융통성 있는 대화의 방법으로 형성된 워크숍이 다양한 곳에서 쓰이고 있습니다.

저는 '민중연극 워크숍' 중에서 몸짓과 동시에 조형, 소리, 언어가 자유자재로 쓰이고 있는 점을 주목했습니다. 미술대학에서 '어린 시절의 놀이지도 만들기'를 단서로 공동작업을 위한 골판지 놀이도구 만들기를 다루고 있었기 때문입니다. 다양한 단면이 창조적 대화를 만들어내는 바 종합적인 표현으로서의 연극을 이끌어내는 워크숍을 이용해서 조형 활동에 적극적으로 도입하기로 마음먹었습니다.

지금까지 학생들과 함께 '대학에서 지역으로'라는 사고방식을 가지고 미술관과 주민회관에서 아이들을 포함한 주민활동 내에 조형 워크숍의 방법을 써 왔습니다. 이것은 일방적으로 무언가를 만드는 일을 요구하는 것이 아닌 연령이 다양한 사람들이나 장애인들 그리고 유학생들과 함께 그들 각자의 장점을 살려서 공동 작업에 의한 표현활동이 가능 하다는 것이 특징입니다. '원만한 관계' 를 만들어 갈 수 있는 워크숍은 주민들의 표현을 만들어 낼 수 있는 무기라고 생각합니다. 모든 사람들에게 예술로의 참여가 가능하다는 것을 보여주기 때문입니다.

작년에 지역주민들과 함께 아이들과 연극적 조형 활동으로 '생명체를 말하다' 를 진행하였습니다. 다마강 상수를 둘러싸고 있는 환경의 악화를 주제로 하여 미래의 '생물' 을 만들어 보는 가상의 공상과학적인 내용이었습니다. 확장된 미술교육은 기존의 틀 속에서 벗어나기 힘든데 아이들과 학생들은 어렵지 않게 새로운 공간을 만들어내었고 또 즐기기까지 했습니다.

'마을만들기' 에서 진행하는 워크숍도 주민자신에 의한 다양한 워크숍의 경험과 병행하는 가운데 이루어지는 것이 바람직하다고 생각합니다. 자발적인 문화활동, 내발적(內發的)인 마을만들기활동 등을 만들어 내는 풍요로운 토양의 형성을 돕는 조형 워크숍이야말로 지금 꼭 필요한 것이 아닐까요.

9 마을만들기 놀이카드를 만들자

[서부지역의 좋은 장소 놀이카드]

– 살고 있는 마을의 좋은 곳을 놀이카드로 표현 –

요코스카시 도시계획과, 나가이 초등학교, 하기노 초등학교 (가나가와현 요코스카시)

활동의 시작은?

- 요코스카시가 주최하고 있는 [요코스카 마을만들기 강좌]의 2년째에 마을만들기 강좌의 강사이신 세코 가즈히코씨(참가하는 디자인연구소 대표)의 코디네이트를 바탕으로 나가이 초등학교 6학년들과 하기노 초등학교 탐험동아리의 아이들이 [좋은 장소 놀이카드]만들기를 진행하였습니다.
- 마을만들기 활동을 이끌어갈 시민 층을 보다 더 넓히자는 의미로 어린이들을 대상으로 한 워크숍을 지역의 초등학교와 공동으로 진행하게 되었습니다.
- 좋은 장소 놀이카드 만들기는 내가 살고 있는 마을의 멋진 장수를 찾아서 그곳을 조사해보고 그림과 하이쿠(일본의 짧은 시)로 놀이카드를 만드는 것입니다.
- 어린이 한명 한명이 스스로가 자발적으로 마을만들기의 테마를 정해보는 것이 중요합니다.

이런 활동을 진행 했습니다

Step1 학교와 지역의 협동체제 만들기 (반년)

- 학교 선생님을 비롯해 행정, 교육위원회, PTA, 지역의 마을만들기 그룹 등 각각의 역할과 위상을 명확하게 했습니다.
- 학교 선생님과 공무원들이 「마을만들기란 무엇인가」에 대한 설명회를 열었습니다.

Step2 마을의 좋은 장소 찾아보기

- 좋은 장소를 찾는 방법을 조언해줍니다. 어디에 관점을 두느냐에 따라 좋은 장소를 발견하는 방법이 달라진다는 것을 배웠습니다.
- 좋은 곳을 발견하면 스케치하거나 왜 여기가 좋다고 생각하게 되었는지 메모해 보고 멋진 장소 카드에 하이쿠(일본의 짧은 시)를 써넣어 보았습니다.

Step3 멋진 장소 지도 만들기

- 발견한 좋은 장소를 지도에 표시합니다.

항구에서 좋은 장소 찾기를 하고 있는 나가이 초등학교 아이들

멋진 장소를 바탕으로 「좋은 장소지도」 만들기

Step4 카드에 넣을 그림과 설명만들기

- 지도에 표시한 멋진 장소와 좋아하는 것을 도화지에 그려보고 그것에 어울리는 하이쿠를 여러 번 작성해봅니다.
- 그림을 그리기 전에 가족이나 주변사람, 선생님께 이야기를 듣거나 책으로 조사해보는 시간을 가졌으며, 발견한 좋은 장소에 대한 충분한 정보를 수집했습니다.
- 스텝 2~4단계까지 반년이란 기간을 소비했습니다.
- 작업은 수업을 이용해 사회시간에는 지도 만들기, 국어시간에는 하이쿠 만들기, 미술시간에는 카드만들기를 진행했습니다.

Step5 카드발표회와 카드대회 개최

- 완성한 그림과 하이쿠에 대해서 「좋은 장소지도」를 가지고 반이나 동아리에서 발표회를 실시했습니다.
- 1995년 1월에 카드 모으기 대회가 열렸습니나.

카드 대회장은 모두가 시끌벅적!

사진출처 : 「광보 요코스카 신춘특집」 요코스카시 1994.1
사진제공 : 세코 가즈히코

코디네이터 세코 가즈히코씨의 한마디

현재 어린이중심의 마을만들기 활동이 번창하고 있습니다만 표면적인 모임이 많은 것이 걱정입니다. 아이들이 스스로의 힘을 발휘해 마을에 터를 잡고 마을만들기에 몰두 할 수 있는 체제와 프로그램 개발에 힘쓰고 있습니다. 이런 활동을 통해서 아이들에게 점점 마을에 대한 관심과 흥미를 갖게 하고 선생님들도 마을만들기의 전문가들과 협동으로 이루어낸 수업의 소중함을 알 수 있게 된 것은 큰 의미가 있었을 것이라 생각합니다. 이러한 활동이 더 많은 지역으로 퍼져나갔으면 하는 바람입니다.

칼럼

훗쯔 고향카드 [참고사례]
(지바현 훗쯔시 교육위원회)

Step1 훗쯔의 표어모집 · 선정
시내 18개의 초 · 중학교에 건의

Step2 카드 만들기 착수
제작 실행위원회를 조직하고 향토애호가의
조언을 얻음

Step3 카드 잡기 대회
참가자수 350명으로 성황리에 마침

1-3. 좋아하는 것들을 제안해보자

어떤 곳이 재미있게 놀 수 있는 공간일까?
어떤 곳이면 마음 편히 누워있을 수 있을까?
이 단원에서는 아이들이 좋아하는 것을 생각하고, 의논하여 판단하며, 제안해 볼 수 있는 기회를 갖는 방법을 소개합니다.

1 공터를 이용하는 방법에 대해 제안해보자

「카나자와 대학 이전부지의 활용제안」

「친근한 환경과 아이들」을 생각하는 모임 (이시가와현 카나자와시)

활동의 시작은?

카나자와시의 「친근한 환경과 아이들」을 생각하는 모임에서는 시의 중심부에 있는 카나자와 대학 이전부지(약 23ha)의 활용에 대해 생각해보는 워크숍을 1995년에 실시했습니다.

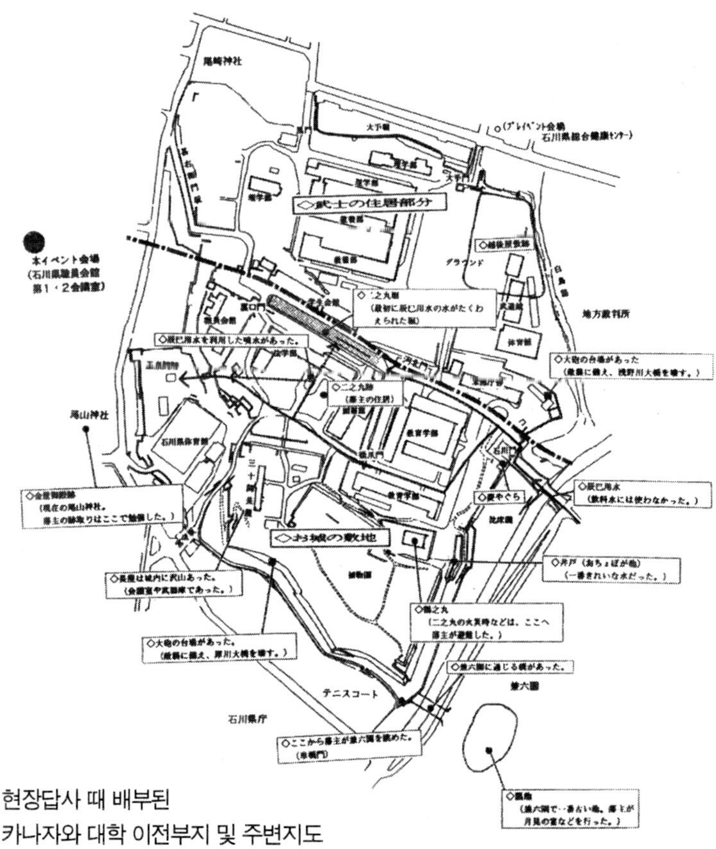

현장답사 때 배부된
카나자와 대학 이전부지 및 주변지도

- 이 모임은 어릴 적부터 마을만들기가 일상적인 것이라고 생각하는 환경을 조성하는 것, 어머니들뿐이 아니라 아버지들이 아이들의 성장에 직접 관여하는 기회의 증가를 도모하는 목적을 갖고 있습니다.
- '싹을 키워 부모가 눈 뜨게 함' 이 캐치프레이즈 광고문구.
- 카나자와 대학 이전부지에 대해서는 2번의 워크숍과 토론회를 진행했습니다.

이런 활동을 진행 했습니다

식전행사 (6월)

- **현장답사 (오전)**

- 부모와 학생(초등학교 고학년중심)이 카나자와 대학 이전부지 주변을 답사
- 도중에 체크포인트에서는 이전부지의 역사 등에 관련된 것을 퀴즈로 출제
- 인상적이었던 장소와 위험한 장소 등을 촬영한다. (바로 현상함)

- **계획안 만들기 (오후)**

- 점심을 먹으면서 작전회의
- 공터이용에 대한 계획안을 만든다(부모와 학생들을 봉사스탭이 도와준다).
- 계획안에 대한 발표와 의견교환

계획안을 작성하는 워크숍

계획안 완성!

워크숍 (8월)

- 현장답사 (오전)

- 부자 (6월의 과제 되풀이)가 카나자와 대학 이전부지의 일부를 걸어본다. 나눠준 자료로 향토애호가로부터 이야기를 듣는다.

- 계획안 만들기 (오후)

- 6월의 식전행사와 같은 요령

토론회 (9월)

- 도시계획 · 건축 · 교육전문가 3명을 패널리스트로 해서 각각 강연 후 그룹별로 토의.
- 당초 부자끼리의 출석을 기대했지만 한 팀의 부자밖에 오지 않아, 어른과 학생들의 교류가 주체가 되어 진행됐습니다.

답사하는 모습

부녀가 계획안을 발표

선구자의 한마디

미나미 마사 (친근한 환경과 아이들을 생각하는 모임)

처음에는 50팀 부자끼리의 참가를 예상했지만 실제로는 10~20팀이 참가하게 되었습니다. 그렇지만 참가해주신 분들은 매우 만족해 하셨고 2회 차에도 같은 분들이 와주셨습니다. 대부분의 아빠들은 전근족(轉勤族)이었기에 카나자와에 대해 알고 싶어 했고 아이와 함께 할 수 있는 시간을 갖으려고 했던 것이 참가동기였던 것 같습니다.

또한 시내에 있는 4곳의 대학생들이 스탭으로 도와주었는데 학창시절에 귀중한 체험이 되었고, 토론회를 진행 할 때 타 대학의 선생님과 학생들 또 일반인과 이야기를 나눌 수 있어서 좋은 경험이 되었다는 의견이 많았습니다.

2 마을 주변의 물가에 대해 제안해보자

물가가 있는 마을만들기 워크숍 [물의 마을] '94 in IZUMI

요코하마시 이즈미구 나카와다미나미 초등학교 · 이즈미구 구정추진과
(요코하마시 이즈미구)

활동의 시작은?

- 지금 요코하마시 이즈미구에서는 물을 이용한 마을만들기의 일환으로 텐노숲에 깨끗한 약수터가 있는 공원을 만드는 계획을 추진하고 있습니다.
- 모두가 살고 있는 마을을 모두가 좋아하는 물가의 매력이 넘치는 마을을 만들려면? 그 해답을 찾기 위해서는 모두가 텐노숲에서 무엇을 보고 듣고 느꼈는지를 알아보는 것이 중요합니다.
- 그러기 위해서 텐노숲 근처에 있는 나카와다미나미 초등학교의 4학년 학생 약 60여명의 노력으로 [물의 마을] '94 워크숍을 진행하게 되었습니다.
- 그렇지만 답사를 하거나 그림을 그리거나 발표회를 하는 등 많은 일들을 하려면 워크숍만으로는 끝낼 수 없습니다.
- 그래서 나카와다미나미 초등학교에서는 그림제작은 미술시간에, 발표회용 원고작성은 국어시간에 진행하는 등 활발한 워크숍 진행과 수업을 연계하여 아이들이 충분히 대상에 임할 수 있도록 고안하였습니다.

이런 활동을 진행 했습니다

워크숍 제1회

Step1 물의 명소탐험 (50분)

- 지도를 가지고 텐노숲 반경 300M의 범위를 걸으며 [재미있는 물놀이장]을 점검합니다.
- 물놀이장의 놀이방법과 아이디어에 대해 다양하게 생각해봅니다.

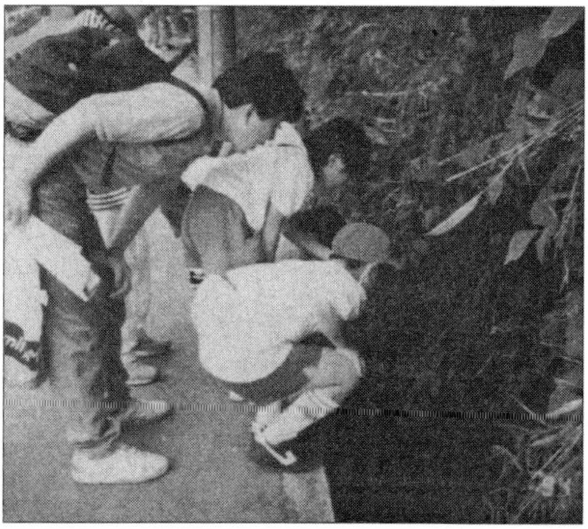

「점검 또 점검..」

Step2 우리들의 물의 마을 (10분)

- 점검지도를 펼쳐보고 각자 물놀이장 베스트를 한 곳 정하여 그 곳의 매력에 대해 “한마디 메모”에 적어봅니다.

Step3 좋은 물

- 나카와다미나미 초등학교의 물 · 일본의 명수 · 세계의 명수를 비교하며 마셔봅니다.

워크숍 제2회

Step1 물의 혹성...강에서 바다까지 (3분)

- 모두가 알아 온 명소를 중심으로 우리 주변에 많이 존재하는 [물]에 대해서 스탭이 「물 이야기」를 합니다.

Step2 물에 대한 소망... 유토피아를 그리다 (40분)

- 6명이 한조가 되어 「여기에서 이런 물놀이를 해보고 싶다」 라는 꿈을 키웁니다.
- 이것을 각자 그림으로 표현해봅니다.
- 조별로 각자의 그림을 모조지에 붙이고 물의 흐름을 연결해 한 장의 커다란 그림으로 완성해 나갑니다.

워크숍 제3회

Step1 「우리들의 바람」 (30분)

- 각 그룹별로 지금까지의 워크숍 성과를 모아서 발표해봅니다.

Step2 빛나는 물 메시지 (30분)

- 다른 그룹의 발표에서 좋은 점은 적어서 발표그룹의 그림에 붙입니다.
- 주최 측은 그 중에서 특히 강조하고 싶은 것을 골라, 그런 꿈을 실현시키기 위한 방법을 함께 이야기하도록 합니다.

Step3 모두가 꿈꾸는 「물의 도시」 (30분)

- 주최 측이 각 그룹의 특징을 파악하여 모두에게 발표합니다.

제일 인기있는 와사비 논!

[우렁이 조] 기념촬영

우와! 새로운 발견을!?

[붕어 조] 의 작품

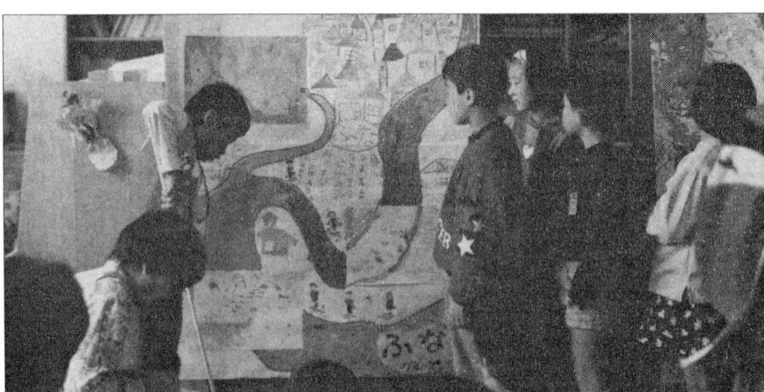

모두의「물의 그림」을 하나로 연결합니다

사진제공 : 오쿠무라 겐

선구자의 한마디

오쿠무라 겐
(㈜농촌 · 도시계획연구소)

아이들은 어떻게 하면 어른들이 좋아하는지 알고 있다. 하지만 진정한 의미의 워크숍이란 '그것'을 버리지 않으면 안 되는 것이다. 우선은 무언가 새로운 것을 〈발견〉하는 일이다.

예컨대 물을 마시고 놀 궁리를 하고 오감으로 실감하는 것이 그들을 자유롭게 한다.

'학교 선생님은 위대하다'

칼럼

이번 워크숍은 초등학교 수업과 연계해서 진행하였습니다. 무엇보다 큰 도움이 된 것은 담임선생님들이었습니다. 물론 인맥으로 뽑은 뛰어난 추진역들은 모두 어린이들과의 관계에서 선문가라는 점은 말할 것도 없습니다만, 수업의 진행방법과 워크숍의 흐름이 매우 잘 맞아서 프로세스를 만드는 방법과 풀이 방법에 도움이 되었습니다. 또한 아이들 입장에서 볼 때, 평소의 선생님이 아닌 다른 사람이 진행하여 여느 수업과는 맛이 다른 또 다른 신선함을 느낀 것 같습니다.

3 공원 · 광장을 제안해보자

[마을만들기 제안상자]

쯔야자키마을 마을만들기 추진과 (후쿠오카현 무나카타군 쯔야자키마을)

활동의 시작은?

- 후쿠오카현 무나카타군 쯔야자키마을의 마을만들기 추진과가 주민공청회 활동의 일환으로 1985년부터 시작한 것이 계기입니다.
- 1994년 10월에 리뉴얼하여 현재의 시스템을 갖추게 되었습니다. 이 시스템이란

  ① 무기명에 의한 투표는 받지 않는다.

  ② 표창제도의 신설.

  ③ 해당 부서 과장회의에 의한 의사결정입니다.

이런 활동을 진행 했습니다

◆「모두의 지혜주머니」 설치

- 마을의 6곳에 설치를 했습니다.
- 제안은 누구든지 언제든지 OK, 우편으로도 접수합니다.

◆ 목소리의 흐름

① 매달 한번 회수합니다.

② 관련된 과에서 답을 작성합니다.

③ 마을의 간부회의(과장회의)에서 결정합니다.

④ 홍보지로 알리거나 투함자(投函者)에게 직접 회답해줍니다.

사진출처: 「광보 쯔야자키」 쯔야자키 마을 1995.12

담당자의 한마디

중학생들의 제안으로 공원에 농구대가 설치되었습니다. 그리고 바로 화창한 휴일에 농구를 즐기는 중학생들의 모습을 볼 수 있었습니다. 계속 모색 중이지만, 이러한 제도는 앞으로도 계속 진행될 것입니다.

중학생의 제안으로 농구대 설치

4 마을의 상징 만들기에 대해 제안해보자

[사과나무 가로수 워크숍 '92]

나가노현 이이다시 사과나무 가로수 마을만들기 포럼

(나가노현 이이다시)

활동의 시작은?

- 1992년도에 딱 40년을 맞이한 이이다시의 [사과나무 가로수]는 마을의 중심지에 있습니다. 지역의 이이다히가시 중학교 학생들에 의해 심어지고 그들의 손에서 대대로 관리되어 지금에 이르고 있습니다.
- 그러나 사과나무 가로수의 목적 중의 하나가 아름다운 마을만들기인데 주변 환경은 40년 전과 거의 변함이 없지만, 시의 중심시가지 활성화 문제가 겹치면서 1992년 사과나무 가로수 재정비를 위한 활동을 추진하게 되었습니다.
- 사과나무 가로수의 기본구상 만들기를 위해 이이다히가시 중학교를 시작으로 많은 시민단체와 행정이 협력하여 「사과나무 가로수 만들기 포럼」이 만들어졌습니다.
- 활동의 하나로 이이다히가시 중학교의 학생을 중심으로 일련의 워크숍이 진행되었습니다.

이런 활동을 진행 했습니다

워크숍 제1회

[사과나무 가로수 점검지도 만들기]

Step1 점검지도 만들기 (45분)

Step2 발표와 토론 (45분)

- 모두에게 지도를 보이며 발표합니다.
- 발표를 듣고, 전체를 정리해봅니다.

스텝1 : 8명 정도의 그룹으로 나뉘어서 근 사과나무 가로수 지도에 둘러 앉아 장점과 개선할 점을 종이에 적어 붙입니다

[사과나무 가로수 연극 만들기]

Step1 1일째 (4, 5시간)

- 사과나무 가로수 길에 늘어선 가게주인들에게 가로수에 대한 추억 등을 팀별로 취재합니다.
- 취재한 것을 바탕으로 5행시를 창작합니다.

모두 같이 5행시를 지어봅니다

Step2 2일째 (4, 5시간)

- 오행시를 토대로 사과나무 가로수에 대한 연극을 만듭니다.

Step3 3일째 (3, 5시간)

- 꼼꼼한 리허설 후에 때마침 열린 [인형극 축제 '92 이이다]에 뛰어들어 역작을 선보였습니다.

스텝2 : 5행시 안에서 인상 깊었던 부분을 골라 한 장면을 만들고 그 장면을 중심으로 추가 장면을 늘려서 토막극을 완성시킵니다

인형극 축제 퍼레이드에서 보란 듯이 [엄청난 상]을 수상

사진제공 : 기노시타 이사무 / 나가노현 이이다시 상업관광과

워크숍 제3회

[사과나무 가로수를 바꾸는 계획 만들기]

Step1 사과나무 가로수 걷기 (60분)

- 실제로 사과나무 가로수 길을 걸어보며 떠오르는 아이디어에 대해 이야기해봅니다.

Step2 아이디어 지도 만들기 (45분)

- 각 그룹별로 나온 의견과 아이디어를 지도 위에 적어봅니다.
- 좀 더 나아가 미래의 사과나무 가로수의 모습을 만듭니다.

보고 & 생각하고

기록합니다

Step3 발표와 토론

- 그룹별로 구상을 발표합니다.
- 공통되는 아이디어와 특이한 아이디어 등을 모조지에 써 나갑니다.

[사과나무 가로수 정비구상]을 위해서

이렇게 해서 이이다히가시 중학교의 학생들을 중심으로 한 3번의 워크숍은 끝이 나고 그 성과를 7개의 패턴으로 정리한 구상안이 나왔습니다.

4번째 워크숍으로는 중학생들과 어른들이 각각 이 7가지를 검토해 보았습니다.

5번째에서는 4번째의 결과에서 기본적인 방향성을 하나로 좁혀 이로 인한 변화를 3가지(① 자연적 환경지향 ② 인공적 환경지향 ③ 현상유지형)로 준비하여 검토했습니다.

그리고 6번째에 마침내 「사과나무 가로수 정비구상」이 단일화 되어, 금번 사과나무 가로수 포럼 과제로 정리된 것입니다.

이이다히가시 중학교 문화제

칼럼

구상 만들기에 참가했던 이이다히가시 중학교의 교감선생님의 아이디어를 학생회가 채용하는 형태로 각 반에 「사과나무 가로수 구상 만들기」가 진행되었습니다.

사과나무 가로수 구상에 대한 다양한 의견과 모형 그리고 구상도를 모아 문화제 당일에 전시하였습니다.

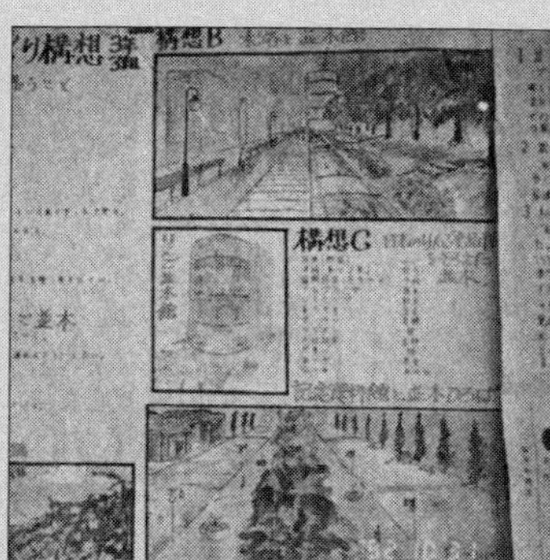

워크숍과 마을만들기

키노시타 이사무
(치바대학 원예학부 조교수)

세상에는 다양한 사람들이 있는데 모두가 같다면 재미없는 것처럼 서로 다른 생각과 기술을 가진 사람들이 모여서 함께 무언가를 만들 수 있다면 그것이 개인의 능력을 넘어서 상상 할 수도 없던 것이 만들어진다. 또 일방적으로 이야기를 듣는 것 보다 자신이 직접 몸을 움직여 해볼 때 몸에 금방 익힐 수 있고 새로운 발견도 할 수 있다. 워크숍이란 이처럼 각자의 지식과 기술을 나누고 함께 손과 발을 움직여 그 목표를 향해 나가는 과정인 것이다.

학교수업의 조별학습에서는 6명 정도의 인원이 하나의 작업조가 되는데 여기에서 특별히 조장을 뽑을 필요는 없다. 차례차례 순서를 밟아가는 작업 속에서 리더십을 가진 사람은 바뀔 수도 있기 때문이다. 워크숍은 큰 목표를 위해 작은 작업들을 쌓아가는 것이다. 이전의 작업 결과가 다음 작업에 사용되고 점점 발전하여 나선적(螺旋的)으로 큰 목표를 향해 나아가는 과정이다.

마을만들기에 주민참가라 하면 흔히 설명회같은 진행에 의존하는데, 회의는 남의 장단에 춤추다 말 뿐 아무런 진전이 없는 경우가 많다. 오히려 워크숍과 같이 한사람 한사람이 작은 의견들을 나누고 정리하여 전체적으로 발표하고 거기에 한사람 한사람의 작업을 활용시킨다면 자신도 팀의 일원이라는 실감을 하게 된다. 이렇게 하다보면 마을만들기의 주역이 되는 것은 틀림없다. 물론 이 그룹안의 작업 속에서 의견차이나 기술의 차이를 인식하기도 한다. 손을 쓸 수 없는 곤란한 과제에 직면 할 때도 있을 것이다. 이것을 극복하고 달성했을 때 자신의 틀에서 조금씩 벗어나는 것을 확인할 것이다. 마을 안에는 다양한 생각과 입장을 가진 사람들이 살고 있는 것이 당연하다는 것도 알게 된다. 또 마을 일에 밝아지면서 동시에 애착도 생겨난다.

워크숍은 이처럼 마을을 배우는 학습과정이며 여기에는 어른과 아이의 구별이 없다. 오히려 어른과 아이가 같은 현장에서 작업하면서 어른이 아이들로부터 배우는 것들이 많다. 또한 아이들도 어른들로부터 마을에 관여하는 방법을 알게 된다. 워크숍은 상하관계의 커뮤니케이션이 아니라 수평적 커뮤니케이션이다. 이것은 교사도 학생들에게 배울 수 있는 최고의 교육현장으로, 구식이지만 새로운 교육의 장이기도 하다.

전국 어린이를 대상으로 하는 프로그램에는 이처럼 워크숍 프로그램이 많은데 학생들의 활동을 전향적으로 전개하는 것부터 일과성 이벤트까지 실로 다양하다. 어쨌든 아이들에게 현실의 마을만들기 현장에서 실물에 접할 수 있는 기회를 더 주고 싶다. 한편 워크숍 프로그램에는 아이들도 참가할 수 있는 즐거운 것들이 더욱더 많이 고안 되어야 한다.

5 [아이들의 집]을 디자인하자

워크숍 [비밀의 숲의 문을 열고]

요코하마시 이소고구 구정추진과 (가나가와현 요코하마시)

활동의 시작은?

- 요코하마시에서는 지금까지 18곳에서 아이들을 위한 통나무집을 공원 안에 설치했습니다.
- 또한 이 건설에 즈음하여 각 지역에서 [어린이 회의]를 열고, 아이들의 희망과 의견을 듣기로 하였습니다.
- 그리고 실제 공사에도 참가할 수 있는 방법도 고안하였습니다.
- 이 사례에서 소개하려는 것은, 이소고구의 역전공원에 통나무집을 세웠을 당시의 아이들의 참여 과정입니다. (1993년도)
- 참가자는 어린이 회의 3~6학년생 23명으로 주최자는 이소고구. 스탭으로는 어린이 참가자의 플래너팀, 그리고 어린이 회의 어머니들께서 도와주셨습니다.

이런 활동을 진행 했습니다

◆ 숲으로 둘러싸인 건설예정 지역에 집합

① 자기소개 & 그룹 나눔 (10분)

② 숲에 대한 상상을 부풀리다 (15분)

- 단체게임으로 워밍업
- 주변 숲에서, 각자 [보물]을 찾아오기

③ 숲속의 집을 그려보자 (30분)

- 자기 마음에 드는 곳에 앉아 [여기에 살고 있을 것 같은 생물의 집]이나 [내가 살고 싶은, 갖고 싶은 집]을 스케치해 본다.

보물을 찾았다!

[숲속의 집]을 그리는 아이들

◆ 집회실로 이동

④ 숲의 집에서 하고 싶은 놀이를 생각한다 (20분)

- 여러 색깔의 B4용지를 준비하고, 현관문과 방에 이용할 색을 고른다.

  [자 그럼, 집안에서 하고 싶은 놀이를 생각해 그림으로 그려 주세요. 문 안은 정원이든, 다락방이든, 지하나, 지붕 위, 밤이나, 낮이나, 가을이나 여름이라도 좋아요, 그림에 연필로 부연설명을 써보는 것도 괜찮아요]

- 그룹별로 한 장의 스티커를 준비하여 사용해도 된다.

⑤ 그림을 연결하여 하나의 집으로 만든다 (70분)

- 그룹 내에서 자신이 생각한 놀이를 발표한다.
- 모조지 위에 각각의 위치관계를 생각하면서 그림을 놓아보자.
- 집의 형태를 친구들과 상의해서 정한다.
- 각자, 문 주위도 그려보고 복도나 계단, 마당이나 건물을 디자인하자.
- 집의 이름을 지어본다.

⑥ 그룹별로 발표 (15분)

모두 함께 집을 그려 나갑니다

■ 아이들의 아이디어를 건물에 어떻게 반영했을까?

일정상의 문제로 건물디자인에 아이들의 이미지(생각)를 살리지는 못했지만, 내부 디자인에 관해서는 다음과 같은 아이디어가 반영되었습니다.

- 로프를 써서, 2층으로 올라간다.
- 오르내릴 수 있는 그물
- 아이들이 생각한 지하의 이미지는 [동굴, 개미집, 도깨비 궁궐, 닌자 저택] 등이다. 입구는 오래된 우물과 거미줄. 미로를 만들 때에는 이동패널을 매단다.
- 거미줄이 천장에도 걸려있다. (해먹)
- 다락방에 아지트(은신처)가 있다.
- 자신이 음악을 연주하는 스테이지

■ 건물 만들기에도 참가해 보았습니다

● 앙케이트 (500명 정도)

- 건물의 이름도 지어본다. ([재미있는 집]으로 결정)
- 여기에서 해보고 싶은 것을 모집

● 이벤트 (90명)

- 통나무집의 나무를 다듬는다. (다 같이 사포지를 가지고 쓱쓱~)
- 지역을 상징하는 기둥 만들기. (굵은 통나무 2개를 얻었습니다)
- 안내판 장식할 그림 만들기. (통나무에 이소고의 이미지를 페인트로 칠하다)

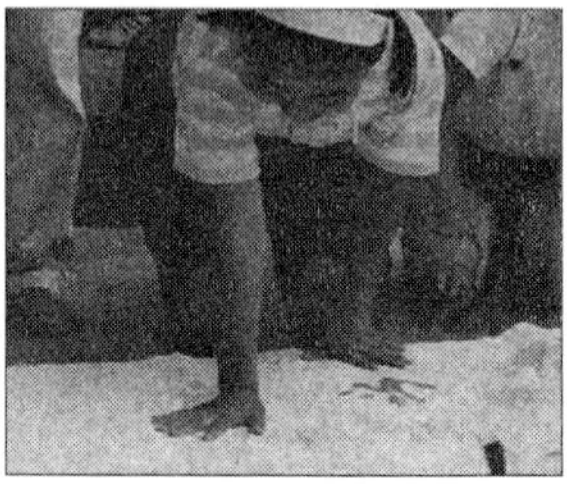

손에 물감을 묻혀서 천 깃발에 찍는다

- 모두의 깃발 만들기 (참가자 전원의 손 모양을 큰 캔버스에 찍어 건물 중앙에 매달았습니다)

나무 조각에 그림을 그리고 있는 모습

사진제공 : 하기하라 레이코

6 마을만들기에 제안을 하자

[참가대학 · 무사시 마을 캠퍼스 만들기]
무사시 마을, 무사시 대학 하야시 연구실
(오이타현 히가시구니하가시군 무사시 마을)

활동의 시작은?

- 이 활동의 계기는 무사시 마을의 촌장과 무사시대학 교수인 하야시 요시키씨가 [같은 무사시끼리 교류해봅시다]라는 대화로부터 시작되었습니다.
- 이 만남이 실제로 이어져, 두 사람의 공동주최로 마을만들기를 배우는 기회를 열자는 콘셉을 갖고 1993년 [제1회 참가대학]이 개최되었습니다.
- [제1회 참가대학]에서는 무사시대학 학생이 마을을 답사해서 무사시 마을의 마을만들기 제안을 진행했습니다. 이와 같은 활동의 일환으로 마을의 아동보육 사업에 학생이 참가하여, 아이들이 마을을 되돌아볼 수 있는 기회를 만든 것입니다.
- 아이들은 여름방학에 이틀에 걸쳐 [꿈의 마을]을 표현했습니다.

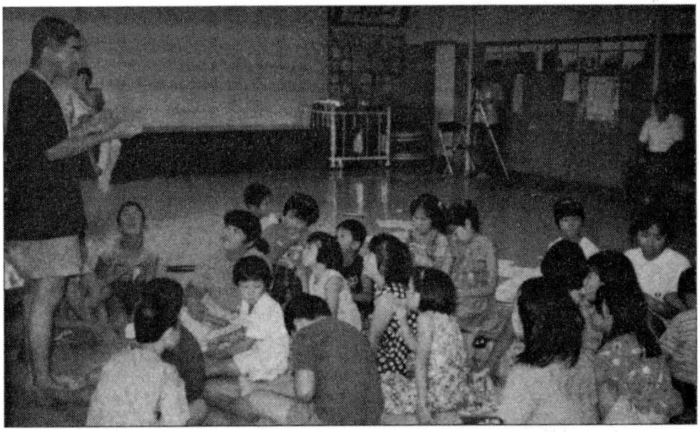

앞으로 어떤 일들이 일어날까? 오리엔테이션을 하는 모습입니다

이런 활동을 진행 했습니다

Step1

- 「이런 마을이면 좋겠다」에 대한 카드를 만들어보자

Step2

- 모두의 카드를 그림지도로 만들어보자 (초등학교 4학년 이하를 대상으로)

Step3

- 모두의 카드를 컴퓨터로 정리해 봅니다 (초등5 · 6학년~중학생 대상)

어떤 그림지도를 만들까? 작전 회의 중

네! 저는 마을에 동물원이 있으면 좋겠습니다

Step4

● 마을 주민을 초청하여 발표회

- 참가대학의 마지막 날, 발표회를 했습니다.
- 촌장, 부촌장, 교육장을 시작으로 마을의 주민들 모두 약 60명 정도가 모였습니다.

지도원 언니에게 배워가며, 2시간동안 KJ법 도해(図解)를 만들었습니다

사진출처 : 「무사시 마을 우호관」

ISOP는 무엇일까?

칼럼1

ISOP는 야외과학 KJ법을 컴퓨터로 실행하는 소프트를 말합니다. ㈜아이텍이 개발하여, 당일도 지도원의 파견과 기자재 사용의 도움을 받았습니다.

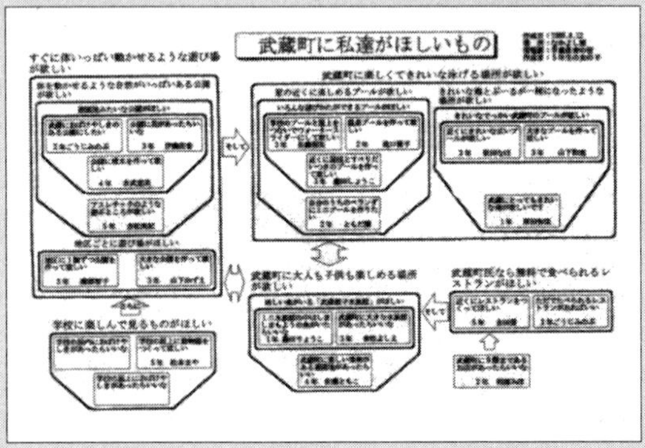

ISOP로 만든 아이들의 [꿈의 마을]

도우미 히라야마 타카히로씨의 한마디

아이들이 그린 [꿈의 마을]. 에너지는 꿈을 꾸는 것으로부터 솟아난다. 어린이부터 노인들까지 모두가 꿈을 가지고 있는 그런 마을이 좋다.

어릴 적 꿈꾸던 꿈을, 언젠가는 이룬다. [꿈을 이루는 마을만들기] 이런 느낌이었습니다.

칼럼2

이번 참가대학 프로젝트는 1994년 봄에 제2회, 같은 해 여름에 제3회, 1995년 여름에 제4회가 개최되었습니다. 이 안에서 사용되는 KJ법이란 문제해결 기법의 하나로, 개인의 생각을 카드에 적고 비슷한 의견을 집약하면서 전체의 경향과 특징을 파악하는 방법입니다.

7 우리주변의 가까운 연못조성부터 자연에 대해 배우자

[이타비쯔강 연못 만들기 · 강 만들기 워크숍]

키타큐슈시 하천과 · 이와이마치 초등학교 (후쿠오카현 키타큐슈시)

활동의 시작은?

- 이타비쯔강의 중류에서 약300m 거리에 있는 이와이마치 초등학교에서는 교정에서 솟아나는 물을 활용하여 아이들이 연못을 만들었습니다.
- 이타비쯔강에서는 반딧불이를 키우는 주민들 그룹이나 지역의 학교 등과 함께, 풍부한 자연을 되찾고자 정비를 진행해오고 있습니다. 그 가운데, 아이들이 보다 더 강에서 놀면 좋겠다고 생각하여 본격적인 워크숍을 실시하기 위해 하천환경재단의 도움을 받았습니다.
- 1994년에 이와이마치 초등학교 4학년생 약 50명과 시청의 하천과, 대학교수님, 학생들이 6번의 워크숍을 하였습니다.

이런 활동을 진행 했습니다

◆ 강의 생명체들로부터 편지를 받다 (1회째)

- 우체부 아저씨(대학생 오빠)로부터, 각 그룹에게 강의 생명체들에게서 편지가 전달되었습니다. (백로, 송사리, 거북이 등)
- 탐정사무소의 탐정원들(학생)은 편지의 질문에 답해야 합니다.
- 쌓여있는 책을 뒤져보거나, 전문가에게 상담해보거나...
- 편지에 답을 하다보면 마지막에 [생태계 피라미드]에 관한 수수께끼를 풀 수 있습니다.

강의 생물로부터 편지가 왔다

생태계 피라미드의 수수께끼가 풀려간다

◆ 현장에서 연못의 형태를 정하자! (2회째)

- 샘물이 있는 곳으로 가서, 밧줄을 이용해 모양을 생각해 봅니다.
- 샘물의 깊이는 전달받은 편지와 생태계 피라미드를 떠올리면서, 얕은 곳과 깊은 곳을 계획합니다.
- 마지막에 모두 함께 O, ×, △로 계획안을 검토하여 최종적인 형태를 결정했습니다.

제2회 현장에서 연못의 형태를 정하자

◆ 연못을 만들자! (3회째)

- 어른들이 대체적인 틀을 만들어 두었습니다.
- 어린이들은 자잘한 곳을 파거나, 점토로 메우거나, 돌과 자갈을 깔아보거나 하였고, 현지의 우물파기 전문가도 도와 주셨습니다.
- 완성된 연못에 식물을 심거나, 생명체들을 놓아줌으로써 생태계 피라미드의 세계를 실감.

◆ 강 만들기 워크숍 (4~6회째)

- 강을 답사 (4회째)
- 아이들의 제안 만들기 (5회째)
  - · 제안으로는 [강을 더럽히지 말자(건들지 말자)]라는 의견이 많은 것 같았습니다.

· 또, 콘크리트를 사용하지 않고 식물을 더 늘렸으면 하는 의견도 있었습니다.

– 모형의 강을 관찰하며 어른들도 함께 의견교환 (6회째)

· 아이들은 자신들이 조사한 것을 지역 주민들에게 꼭 전달하고 싶다고 제안했습니다.

연못을 만들자

강을 답사하는 모습

제안한 내용을 발표하는 모습

사진제공 : 키타큐슈시 건설국 토목부 하천과

선구자의 한마디

에노모토 케이코 (키타큐슈시 공무원)

자신들이 만든 것에 의해서 [연못이 성장한다]라는 것을 아이들이 깨닫고, 한편 그것이 아이들도 성장시키는 것 같습니다. 참가했던 아이들은 열심히 자체적으로 관리를 하고 있습니다. 이런 분위기를 연못 만들기에 참가하지 않은 학생들에게 워크숍 같은 활동으로 전달하면 좋겠습니다.

강 만들기 제안은 300명 정도의 선생님이 모인 연구회에서 발표하게 되었습니다만 여러 그룹이 한꺼번에 질문을 하여 선생님들은 힘들게 각 팀을 돌며 의견을 듣고 다녔습니다. 아이들도 열심히 조사해서 실로 다양한 자료를 만들었다고 합니다.

8 아이와 어른이 함께 놀며 공원의 제안 · 실현을 이루자

덴파쿠 공원만들기 모임
(아이치현 나고야시)

활동의 시작은?

- 나고야시에서는 1959년에 현재의 덴파쿠 공원(약 27ha)을 공원예정지로 지정했습니다. 주변에 집들이 빽빽이 들어서는 가운데, 3개의 작은 산과 큰 연못이 있는 부지는 약 20년간 때 타지 않은 상태로 초록의 나홀로 섬으로 남아있었습니다.
- 1982년에 나고야시가 스포츠 공원다운 느낌이 강한 공원정비계획을 발표했기 때문에, 그보다는 더 자연을 살린 공원으로 만들 수 없을까 하여 [덴파쿠 공원을 생각하는 모임]이 생겼습니다. (1983년)
- 이 모임에서는 아이도 어른도 함께 활동하고 자연과 어울림 속에서 제안을 만들어 갔습니다. 시도 계획을 변경하여 공원정비를 진행하고 있습니다.

흙속의 생물 관찰 1986. 10. 18

[도토리로 놀자] 1986. 10. 18

대나무를 이용한 빵 굽기 (빵과 놀자) 1987. 10. 18

활동의 중요 경위

82. 5 ▶ – 시가 공원정비계획을 발표
– 이것에 대해 주민들의 생각을 듣기 위해 의견 교환

83.12 ▶ – 가칭 [덴타쿠 공원을 생각하는 모임]으로 월1회 연구모임이나 회의를 진행

85. 3 ▶ – 앙케이트(84.6)의 결과를 보며 의견을 정리하여 시에 전달

85. 4 ▶ – [덴파쿠 공원을 생각하는 모임] 정식 발족

85.11 ▶ – 제1회 야외축제. 9일간, 2000명 참가
– 그 후 1년 정도 다음과 같은 활동을 진행함
· 월1회, 정례회에서 공원의 이미지 만들기
· 월1회, [자연과 친해지는 모임]
· 월1회, [신나게 노는 모임]

87. 7 ▶ – 모임의 의견을 모아 [덴파쿠 공원에 관한 요청서] 제출

87.10 ▶ – 제2회 야외축제. 2일간, 2000명 참가

89.10 ▶ – [덴파쿠 공원을 만드는 모임]으로 명칭 변경

90. 6 ▶ – IPA(아이들이 놀 수 있는 권리를 위한 국제협회) 세계대회가 도쿄에서 개최되었을 때 해외회원이 덴파쿠 공원 방문

91. 5 ▶ – 시가 정비계획 수정안 제시

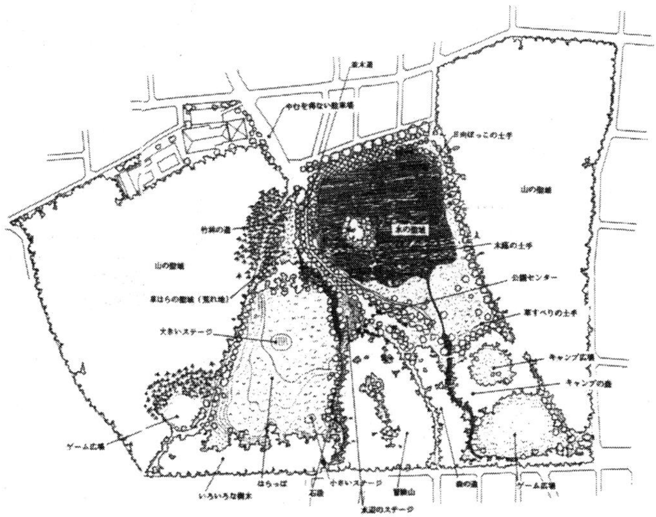

회원들의 의견을 바탕으로 그린 이미지 지도

사진촬영 : 쯔카모토 노부오

그 밖의 활동

- 달 관찰회
- 곤충의 소리를 듣는 모임
- 봄의 먹거리 모임
- 들새 관찰회
- 간벌재를 사용한 기구 만들기 등

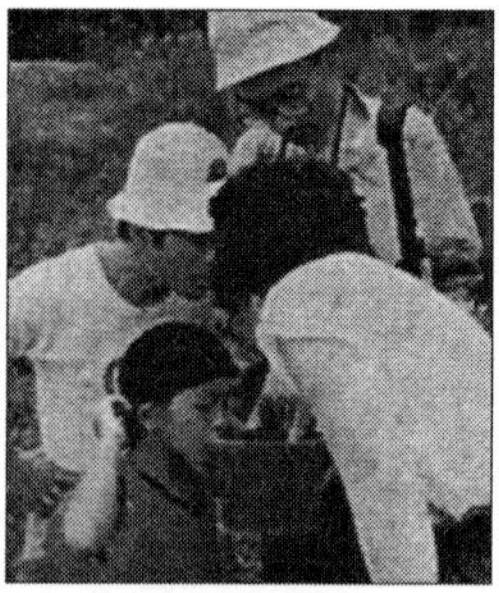

[자연 관찰회] 연못물을 떠서 생물 관찰 1986. 8. 24

[자연과 친해지는 모임]에서 밭의 식물관찰 1987. 3. 22

[자연과 친해지는 모임] 1989. 6. 25

[간벌재로 기구 만들기] 1992. 8. 1 ~ 10 나무타기

나무위에서 통나무를 건너며 놀기

[어린이 축제] 보트를 타고 섬으로 건너가다 1993. 2. 28

사진 · 도판출처 : 「야! 텐파쿠 공원」 텐파쿠 공원을 만드는 모임 편저 ((유)아이치 서방 1994. 4)

선구자의 한마디

시라이시 고우지 (텐파쿠 공원을 만드는 모임)

공원은 모두의 캔버스. 이번엔 어떤 그림을 그려볼까? 그리면 지우고 또 새로운 그림을 꿈꿔본다. 이곳에서는 우리 모두가 주인공이다. 아이도, 노인도, 젊은이도, 개구리도, 잠자리도, 뽕나무도 살아있는 것들을 밟지 않게 주의하면서 인간의 아이들도 여기에서 놀며 자란다. 그런 곳으로 만들고 싶다.

Ⅰ-4. 계기나 연결고리를 만들어보자

아이들에게 「이런 활동해보자!」「이런 모임에 가보지 않을래?」 라고 물어보면 흥미를 가져 줄 것인가?

이 단원에서는 아이들이 마을에 관련된 계기 만들기와 아이들끼리 그룹 만들기의 사례를 소개합니다.

1 마을만들기 콩쿨을 개최하자

[이와키 마을만들기 콩쿨]

이와키 마을만들기 실행위원회 (후쿠시마현 이와키시)

활동의 시작은?

- 이와키 마을만들기 콩쿨은 이와키 시내의 사람들을 대상으로 이와키 마을의 좋은 곳을 재발견해서 그림이나 지도 등으로 표현한 작품을 모집 · 심사 · 표창하고 있습니다.
- 후쿠시마현 이와키시는 자연에 많은 공을 들인 마을입니다. 이 콩쿨은 이와키다운 것을 유지하고 아름다운 마을로 육성하기 위한 첫걸음으로 마을안의 다양한 발견을 통해서 마을에 애착을 갖기 위한, 나아가서 시민과 행정이 협동해서 함께 성장해 나가는 것을 목표로 출발했습니다.
- 1993년 제1회 공굴에서는 테마설정에 어려움이 있었습니다. 그 후 새로운 시도와 관점의 전환 등으로 시행착오를 거듭하며, 현재는 '그림지도 콩쿨' 이라는 고정된 테마가 생겼습니다.
- 초등학교 수업과 연계시킨 작품의 출품도 늘고 있습니다.
- 계속하는 가운데 시민들안에서 마을을 볼 때의 요령이나 시점이 발전하는 것 같습니다.
- 행정 공무원들에게도 의식개혁의 동기가 된 것 같습니다. 행정속에 점차 유연한 포용력과 상상력이 생겨나고 있습니다. 시민들의 다양한 관점과 아이디어가 나올 수 있어서 행정 분야의 벽을 넘어 더 넓게 이어갈 가능성도 있습니다. 이와키시에서는 콩쿨을 계기로 거주하고 있는 전문가, 애착을 지닌 행정 공무원들의 자체적인 연구회도 시작되었습니다.

1. 콩쿨 요강 제작 →
2. 포스터와 전단지 등으로 PR →
3. 작품 모집 →
4. 공개심사에서 입상자 결정 →
5. 입상자 표창식 →
6. 정리+기록으로
① 작품집
② 공개심사회 기록 2가지를 제작

◆ 마을의 좋은 점 발견부문

(이 밖에도 [마을에 편리한 생활 부문] [마을을 즐겁게 하는 창조 부문] 등이 있습니다.)

[모집대상]

- 현재 시에 사는 사람 (그룹으로도 응모할 수 있음)
  1. 그림지도 콩쿨 (초등학생 이하)
  2. 그림지도 · 사진 콩쿨 (중학생 이상 · 일반)

[제출 요강]

- 작품의 크기, 매수, 표현은 자유.
- 「그림연극, 그림책, 그림두루마리 등을 고안해서 재미있게 만들어주세요」 라는 것.

앞에 나가서 발표해 봅니다. 제1회 '마을 안에 좋은 것 발견부문' 최대의 작품! 벽 한면의 크기였습니다

심사도 화기애애하게 진행합니다.
"공부해서 습득해라가 아닌 내가 직접 발견한 재미난 곳을 모두에게 알려줄 수 있다는 점이 좋은 것 같아요"

공개심사 중에 심사위원 한분의 미니 피아노 콘서트가 열렸습니다. 심사위원의 멤버는 마을만들기 건축전문가뿐이 아니라 자연파 피아니스트, 조각가 등 다양합니다

전부 23명이 힘을 모아 만든 사이소 초등학교의 작품은 멋지게 완성되어 특별상을 받았습니다

출처 : '이와키 마을만들기 콩쿨, 제1회 이와키의 집과 거리 문화상 작품집'

2 콩쿨에 출품할 다양한 기회를 만들자

[세타가야 마을만들기 콩쿨]

세타가야 마을만들기 센터 (도쿄도 세타가야구)

활동의 시작은?

- 세타가야 마을만들기 콩쿨은, 마을안의 체험이나 마을만들기에 대한 의견을 그림이나 지도 등으로 만든 작품을 대상으로 하며, 1988년부터 매년 개최되어 이미 9회가 진행되었습니다.
- 마을과 마을만들기에 관심을 가지는 사람을 조금이라도 늘리고, 누구나 부담 없이 참여할 수 있는 기회를 만들기 위해 시작했습니다.
- 그리고 [일반부]와 [중학생 이하 부]로 나뉜 이후로, 매년 많은 아이들로부터 작품을 받고 있습니다.
- 한편 단순히 작품을 내는 것만이 아니라 공개심사나 표창식에서 다른 응모자들과 만나볼 수 있고, 어른들과 아이들이 서로 의견을 나눠볼 수 있는 것들이 귀중한 체험이 되고 있습니다.

이런 사람들이 출품하고 있습니다

부자(父子)가 한팀이 되어

다마강의 상류부터 하류까지 완주한 체험을 그림지도로 표현

[드디어 바다에 도착했습니다! 만세]

[다마강 120Km를 걷다] 작품
이소노 코우스케 외 4명(같은반) 1991년.
모조지 7장, 초등학교 5학년 남자아이들이 지도와 사진으로 만들었다

● 유치원에서

한 달에 걸쳐서 하고 싶을 때 하고 싶은 만큼 지도를 만들어본다.

기초가 되는 지도를 오린 그림으로 만든다. 신중하게 지도를 보고 있는 친구는 5학년생

모두의 의견을 복사해서 그 장소에 붙인다

학교 동아리에서

어느 1학년 학생이 동아리에 가고 싶지 않을 때, 얼굴을 아는 이웃 할머니께서 "힘내렴! 하시며 친절하게 격려해주셔서 다시 가고 싶어졌다"라는 이야기를 듣고, 모두 "마을에서 기뻤던 일"을 지도에 써넣게 되었다.

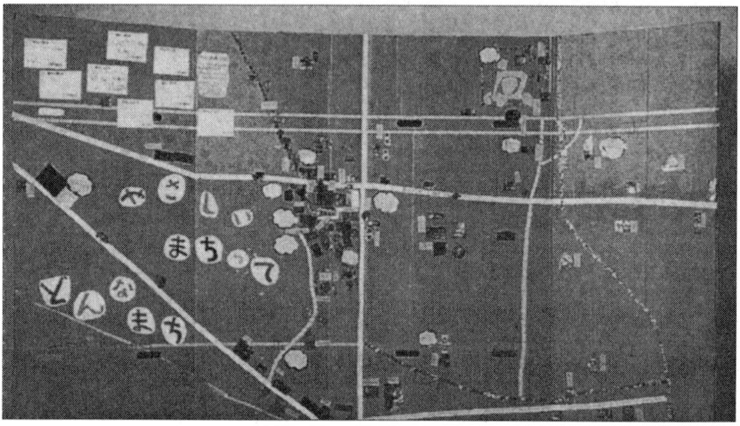

[친절한 마을이란 어떤 마을] 작품
구립 아카츠츠미 초등학교 동아리 1992년.
다다미 2~3장의 큰 병풍, 종이 박스에 알루미늄 캔 등으로 장식.

● 초등학교에서

1학년의 사회과목 수업 [즐거운 공원]을 토대로, 공원에 가서 발견한 것을 붙이고 더 재미있게 하기 위한 아이디어를 많이 낸다.

표창식에서, 작품 앞에서 기념촬영.

[즐거운 공원] 작품
사쿠라쵸 초등학교 1학년 1반 1989년.
모조지 2장.

어린이들의 제안

노인들과 즐겁게 생활하는 마을

작자 / 야마다 메이 1990년.
역 주위에 쉴 수 있는 공간, 이야기 할 수 있는 공간을 구상해 보았습니다

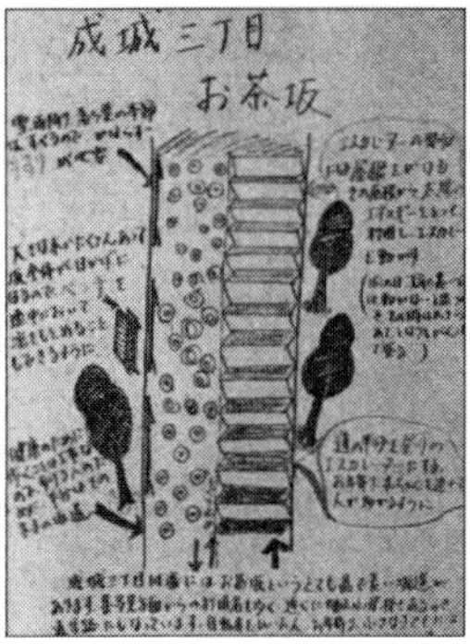

세이죠 3쵸메 오차 비탈길

작자 / 와라타니 아이코 1990년.
초등학교 여자아이가 늘 지나다니는 비탈을 관찰하여 만들었습니다

출처 :「우리마을의 발견」 세타가야 마을만들기 센터 (쇼분샤 1995년)

3 마을만들기 그림책을 만들자

[이와키 마을만들기 콩쿨]

이와키 마을만들기 실행위원회 (후쿠시마현 이와키시)

활동의 시작은?

- 구마모토현 인구 약 1만8천명의 카가미 마을에서는 1990년에 [녹나무는 보고 있다, 카가미 마을 협동이야기]를 발행했습니다.
- 시작은 마을을 건강하게 할 좋은 방법이 없을까? 에 대해 오랫동안 고민해온 카가미 마을 동사무소의 공무원이 엔도 야스히로 교수가 쓴 마을만들기 그림책 제작 초청기사를 보고 방문했던 것.
- 1998년부터 프로젝트 회의가 열려 시행착오 끝에 [모야이(협동작업)]를 주제로 한 그림책을 어른뿐만 아니라 아이들도 그림그리기 제작에 참여하는 방향으로 만들게 되었습니다.
- 유치원, 초등학교, 중학교, 청년회, 학부형, 공무원들이 분담해서 그림을 그렸습니다. 18개의 주제로 그림책이 탄생했습니다.

붕어잡기 행사를 그림으로 그리는 카가미 초등학교 6학년생들 (쿠마모토 일일신문)

도판출처 : [녹나무는 보고 있다] 마을만들기 그림책 모임 1990. 4
사진출처 : [마을만들기 독본] 엔도 야스히로 (쇼분샤)

활동의 중요 경위

88년 5월	카가미마을 공무원이 마을만들기 그림책을 만들고 싶다고 엔도 야스히로 교수를 찾아감
7–12월	제1회~4회 프로젝트 테마설정, 정보수집
89년 1월	마을소식, 신문 등으로 스탭 모집
1월	제1회 스탭모임
2월	스탭모집 ➡ 전호(全戸) 전단지 배포
3월	카가미 마을만들기 포럼개최
3월	제2회 스탭모임 ➡ 그림책 소개
6월	그림도우미 그룹모임
7월	제3회 스탭모임 ➡ 그림책 심사회
8월	제4회 스탭모임 ➡ 그림검토
9–10월	원본 작성개시, 이야기 · 자료편 작성
90년 1월	제5회 스탭모임 ➡ 원본검토
2월	제6회 스탭모임 ➡ 출판등 검토
5월	그림책 완성, 출판
5월	[마을만들기 그림책 축제]개최

참고 : [마을만들기 독본] 엔도 야스히로 (쇼분샤 1990년)
['마을놀이 행동' 을 활용한 거주환경 정비계획수법에 관한 연구]
구라하라 무네다카(1992년)

선구자의 한마디

미즈모토 가즈토 (당시는 카가미 마을 공무원, 현재는 구마모토현 공무원)

당시는 카가미 마을에서 사회교육 주사였습니다. 카가미 마을에서 태어나 초등학교에 근무 중이었는데, 엔도교수님 댁을 방문했을 때 '카가미 마을의 매력은 무엇입니까?' 라는 질문을 받고 '없습니다' 라고 대답할 정도로 마을의 매력을 알지 못했습니다.

이 그림책을 만듦으로써 아이들이 붕어 잡이에 참가하는 등 전통행사와 전통예능, 마을의 자연 등에 흥미를 가져주는 것이 기쁩니다. 지금은 제2탄을 기획하고 있는데 아직 명칭은 미완성입니다만 [동사리를 만나고 싶다]라는 물을 테마로 한 그림책을 제작 중입니다.

4 마을만들기에 임하는 어린이동아리를 만들자

[2001 · 지구관찰 동아리 · 니시노미야 (EWC)]

효고현 니시노미야시 환경보전과 (효고현 니시노미야시)

활동의 시작은?

- 효고현 니시노미야시의 「2001 · 지구관찰 동아리 · 니시노미야 (EWC)」는 1992년 UN(국제연합) 지구환경의 해에 시작된 환경 워칭(WATCHING) 사업입니다.
- 지금까지 시에서 진행한 각각의 환경학습활동을 하나의 스토리 속에 새롭게 구성하여 10년간의 지속적인 "시민주체의 환경관찰사업"으로 다시 출발한 것입니다.
- 1년마다 10명 정도의 그룹단위로 회원을 모집하고 있습니다. 주체는 관내의 초 · 중학생이지만 어른들도 참가할 수 있습니다. 또 해외에서의 참가도 가능합니다.
- 회원에게는 회원수첩, 특제회원 뱃지, 뉴스레터 등이 배부되고 1년에 5번 환경보호 트레이닝에 따라 1년간의 활동이 전개됩니다. 모든 과정을 이수하면 [지구 지킴이]에 등록됩니다.
- 1995년도부터는 EWC를 모델로 환경청에서 시작된 [어린이 환경동아리(JEC)]의 활동과 연계시킨 프로그램 내용으로 업그레이드 되었습니다.

◆ 지구관찰 동아리 [3가지 테마]

● **지구 WATCHING CLUB에서는 활동의 기둥이 되는 3가지 테마를 선정했습니다.**

① 환경보호 트레이닝

자연, 사람, 마을과의 만남 등 5개의 과제에 도전하면서 자기 주변의 마을의 모습에 대해 알게 되는 것을 통해서, 지구와 친해지자.

② 환경보호 액션

지구와 친해지기 위해 생활 속에서 전기와 물을 아껴 쓰고, 분리수거 실천과 봉사활동참가 등을 통해서 나의 평소 생활자세를 향상시켜보자.

지구관찰 동아리,
1996년 이미지 캐릭터 (나무군)

③ 환경보호 챌린지

주위의 생물 관찰해보기 → 마을 안의 24종류의 다양한 생물을 찾아보자.

이런 활동을 진행 했습니다

-지금까지의 EWC활동 중에서-

◆ 환경 그림전

- 1년에 한번, 1년 동안의 회원들의 활동모습과 성과를 알리는 행사입니다.
- 각 부문별로, 우수작에는 [지구 친화적인 상]과 [독특한 아이디어 상]이 주어집니다.

◆ 환경 워크랠리 & 에코 페스티벌

- 시내의 산이나 바다 등의 한 곳을 워크랠리 코스로 선정하여 도중에 체크포인트에 있는 문제를 풀어 가면 최종지점까지 가는 도중에 환경에 대해 생각하게 되는 활동입니다.
- 1995년도에는 목적지인 산림공원에서 환경 페스티벌이 열려 쓰시 않는 가구와 사선서의 추첨 그리고 재활용 노서 무료 배부 등이 진행되었습니다. 또 야외 스테이지에서는 민속악기 연주회와 촌극 등의 이벤트가 진행되어 분위기가 고조되었습니다.

◆ 자유연구를 위한 카니발

- 주변의 환경문제에 관련된 자유연구의 발표를 중심으로 한, 매년 여름 정기 이벤트입니다.
- 지구환경을 주제로 한, 연극이나 퀴즈 같은 이벤트도 포함시킵니다.

야외 스테이지 풍경

사진제공 : 효고현 시니노미야시 환경보존과

한신 대 재난 기록집 「격려해주셔서 감사합니다」 출판

재난를 당한 EWC의 아이들이 위원회 결성부터 취재 · 인터뷰 · 편집까지 대학생과 봉사자들의 도움을 받으며 모든 것을 스스로가 중심이 되어 손수 만든 재난기록집입니다.

재난 레포트, 6000명의 아이들 앙케이트, 아이들의 증언, 니시노미야 시내의 아이들에게서 모은 그림이나 만화, 시, 작문, 벽신문, 전국 각지의 아이들에게 받은 격려편지와 그에 대한 답문, 그리고 시장님의 인터뷰내용 등이 실려 있습니다.

◆「격려해주셔서 감사합니다」… 니시노미야 EWC 어린이 위원회 편/소학관 발행

칼럼

[어린이 환경동아리]에 대해서

어린이 환경동아리(JEC)에서는 올해 처음으로 전국대회를 개최하여 각지로부터 얻은 환경정보를 발표하였습니다. 앞으로 점점 더 활동이 확대될 것입니다.

4월에는 새로운 회원도 모집합니다. 사무국은 원칙적으로 각 자치단체의 환경담당과가 하는 것이지만, 만약 자기가 살고 있는 지역에 담당자가 없으면 전국 사무국인 (재)환경협회에 문의할 수 있습니다.

어린이 환경동아리의 이미지 캐릭터 「에코 동그라미」

(우) 105 도쿄도 미나토구 토라노몽 1-5-8 오피스 토라노몽 1빌딩
TEL 03-3508-2654

5 골목의 해결대를 만들자

[삿포로 · 어린이 골목 해결대]

홋카이도 공업대학 쿠라하라 연구실 (홋카이도 삿포로시)

활동의 시작은?

- 1994년에 아이들이 마을사람들의 고민을 해결해주고, 꿈을 즐겁게 이루기 위하여 [어린이 골목 해결대]를 탄생시켰습니다.
- 1993년에 삿포로시 테이네구 마을만들기 단체와 홋카이도 공업대학 강사인 쿠라하라 무네타카씨가 공동으로 재미있는 놀이를 통해서 가까운 주변 환경에 대해 알아가기 위해 [시냇물 걷기]를 개최한 것이 이 기획의 시작입니다. 이때의 참가자는 199명.
- 활동의 목적은 아이들이 스스로 해결하는 과정을 통해서 지역의 사람 및 환경과의 만남으로 감동체험을 반복하면서, 자기들도 마을을 만들 수 있다는 가능성과 자신감, 그리고 행동력을 키우기 위함입니다.

이런 활동을 진행 했습니다

Step1 대원 모으기와「해결 포스터」설치

- 테이네 구내의 모든 초등학교에 전단지를 배포하여 참가할 것을 요청하였습니다.
- 그리고 해결 테마를 모으기 위해 구내 공원 등에 [해결 포스터]를 설치하여 460개의 마음의 소리를 모았습니다.

마을도처에「해결 포스터」출현
그동안 신기한 발견투어 실시와
독특한 지도를 만들었습니다

Step2 「어린이 골목 해결대」결성

- 지도 만들기에 참가했던 고학년 아이들로 결성했습니다. 대원 36명.
- 해결대의 활동과 [해결 포스터]에 쓰여진 내용을 설명해주고, 자주적으로 해결테마와 팀을 선정하도록 하였습니다.

활기찬 해결대원들

신기한 발견투어

Step3 팀별로 해결활동 개시

- A팀 (회의 6번, 야외조사 3번)
- B팀 (회의 5번, 야외조사 4번)
- C팀 (회의 4번, 야외조사 2번)

* 모두 함께 다 같이 놀자 모임을 실시

Step4 활동 보고회

- 많은 관객과 가족들이 지켜보는 가운데 대원들과 팀의 개성을 살릴 수 있는 방법으로 발표를 진행했습니다.

Step5 활동 반성회

- 보고회 비디오 영상을 보고, 반성할 점과 앞으로의 활동에 대하여 논의했습니다.

A그룹

어떻게 하면 공원이 깨
끗해질 수 있는지 설명
을 듣는다

「이런 공원이 있으면 좋겠다」
라는 제목의 지도를 만들었어요

B그룹

작성한 강지도의 풍경이야!
동물지도도 만들었어!

직접 만든 지도를 이용한
조사보고

C그룹

노인들과 대화! 불편한 것은 없으세요?

A그룹은 공원을 깨끗하고 즐겁게 이용하는 방법을 그림연극으로 발표했습니다.

C그룹은 노인들과 어울리는 모습을 콩트로 만들어보았습니다.

출처 및 사진제공 :「어린이 골목 해결대 활동기록」 쿠라하라 연구실 1994

칼럼

「집안에서 기를 수 있는 강아지를 갖고 싶어」라는 바람을 이루기 위해, 포스터 붙이기와 광고지를 배부하고 열심히 강아지를 찾아보았습니다.

협동자 쿠라하라 무네타카씨의 한마디

주위 환경에 관심을 갖고 생각하며 행동하는 것, 그것은 견고한 것이 아닌 모두가 자유롭고 재미있게 어울려 할 수 있는 즐거운 일이라는 것을 아이들의 눈을 빌려서 찾아본 것 같습니다.

해결대 활동에서 발굴한 마을 사람들의 지혜와 기술, 기예를 마을만들기에 활용할 수 있으면 좋겠다고 생각합니다.

6 생활의 발견대를 만들자

[미하루 생활의 발견대]

미하루 마을, (사)농촌생활 종합연구센터 (후쿠시마현 미하루 마을)

활동의 시작은?

- 미하루 마을이 실시주체인 [시골생활 PR사업]과 협력한 형태로 "재미있는 생활의 발견대" 활동을 기획한 것이 동기입니다.
- 「생활의 발견대」는 미하루 마을에 있는 민가를 방문하여 전통적인 양식이나 배치기법 등을 보고, 듣고, 발견하는 활동으로 1990년 8월에 실시되었습니다.
- 미하루 마을은 고리야마시와 교류활동을 진행하고 있으며 「생활의 발견대」에는 어린이 13명, 어른 4명, 행정 4명, 전문가 3명, 스탭 6명이 참가하였고 마을 이장님과 신사(神社)대표도 참가했습니다.

이런 활동을 진행 했습니다

Step1 민가 탐험 투어

2개의 코스로 분류하여 각각 어른그룹과 어린이그룹으로 나누어 진행하였습니다.

Step2 발견 그림지도 만들기

모조지에 대략적인 민가의 방 배치를 그려서 각자 발견한 것, 느낀 것을 이야기하며 적습니다.

Step3 발표회

성과를 보여주며 발표회를 진행합니다.

A코스

눈을 가리고 걷는 체험!

모형도를 보여 주셨습니다

B코스

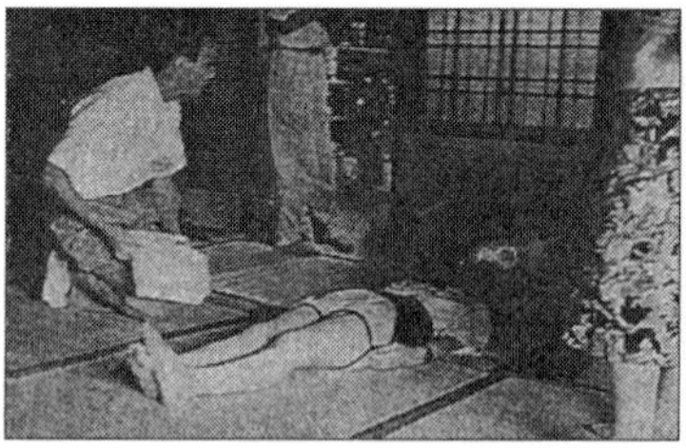

몸으로 크기를 재보자!

장식품을 스케치 해보자

발견 그림지도 만들기 각 그룹별로 인상이나, 발견한 것을 그림지도로!

발표

커다란 신(神)의 집

민가는 시원해~

사진출처 :「재미있는 생활의 발견대에서 생활공방으로: 보고서」

칼럼

민가발견 투어 중 방문한 곳에서 집주인이 퀴즈를 내는 해프닝도 있었습니다. 우승자에게는 기념품이 증정되는 등, 따뜻한 대접이 사람들과의 고리를 더욱 넓힙니다.

7 학교에서 마을만들기 학습에 몰두하다

[지금, 학교에서의 환경교육]

죠에쓰시립 야마토 초등학교 (니가타현 죠에쓰시)

활동의 시작은?

- 죠에쓰시에 있는 야마토 초등학교에서는 1994~95년도에 2년간에 걸쳐, 환경교육을 실천하여 왔습니다.
- 목적은 아이들의 문제해결능력 육성과 환경에 대한 의식을 어릴 적부터 키워주는 것입니다.
- 학교 수업 안에 도입했습니다.

(국어, 사회, 과학, 미술, 생활, 가정, 학급활동, 대화타임)

- PTA, 청소년 건전육성협의회, 어린이회, 행정등과 연계하여 지역 클린 활동과 마을답사를 실시했습니다.

이런 활동을 진행 했습니다

◆ 전교 마을답사 (1994년 10월)

- 오전 중에는 「고향 둘러보기」를 하고, 오후에 마을답사를 실시했습니다.
- 각 반에 코스지도와 해답용지를 돌리고, 코스를 보며 8개의 포인트 지점에서 문제를 풀거나 과제를 하면서 골인점까지 걷습니다.

가을의 전교소풍 마을답사

- 규정시간은 40분입니다.
- 도착지점에서 답안지를 제출하고 그 자리에서 채점하며, 과제는 비닐봉지에 넣어 제출했습니다.

◆ 3학년 도화(図画)공작 「재활용 시도」

- 처음에 밖에 나가 쓰레기를 수집하는 작업을 합니다.
- 수집한 재료로 소재의 특징을 살린 쓰레기오브제 만들기 계획을 세워, 공작에 착수하였습니다.
- 작품을 발표합니다.

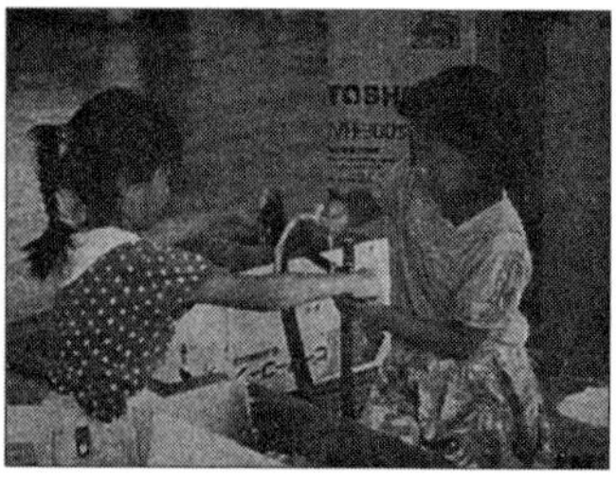

3학년 재활용 시도

◆ 학교에서 지역을 향한 발언

학부모동참 환경학습, [야마토의 자연관찰회] 실시

- 1994년 7월에 실시했습니다.
- 30명 정도의 참가자가 있었습니다.
- 지역을 관찰하면서 나무의 생김새와 숲을 보는 방법, 외국에서 온 식물이나 옛날부터 있었던 식물, 주위의 환경에 잘 적응하는 식물 등을 보며 돌아다닙니다.

학부모동참 환경학습「야마토의 자연관찰회」

지역 환경학습
「새로운 농업을 배우는 모임」실시

- 1994년 7월에 실시했습니다.
- 12명 정도의 참가자가 있었습니다.
- 비닐하우스에 의한 수경재배와 유효 미생물을 이용한 퇴비 만들기를 체험했습니다.

학교근처의 도로에서 지역의 환경을 관찰하는 풍경 (부자가 함께한다)

수경재배의 방법에 대해 설명하시는 교장선생님

관찰종료 후, 부자가 후박나무 잎을 사용해 후박나무 떡을 만들고 있는 장면

사진출처 : 「지금 학교에서의 환경교육II」 죠에쓰시립 야마토 초등학교 1995

칼럼

야마토 초등학교에서는 환경교육을 진행하는데 있어서 교사 자신이 목적의식을 갖고 할 수 있도록 연수프로그램을 갖추었습니다.

후루사와 요시아키씨의 한마디

[전 야마토 초등학교 교장]

저희들의 환경에 대응하는 지향성은 어릴 때 형성되는 경향이 있는데 그것 자체가 매우 중요합니다. 그런 의미에서 야마토 초등학교에서는 환경교육의 실천을 시작하였으며 「자기자신 외의 다른 존재가 되어 생각해보자」라는 배려의 마음이 소중하다고 생각했습니다.

아이들의 새로운 지식과 가치관이 어른들을 움직여서 지역으로 널리 퍼지는 것을 기대해봅니다.

◆ 환경 교육 추진 계획 – 야마토 초등학교

실천의장 \ 월		4월	5월	6월	7월	8월
추진위원회		전체계획입안			활동의 반성과 과제확인	
교내연구회		연구계획입안	환경교육 연수	수업연구	수업연구	지역탐험 연수
학년부 –교과·도덕·활동–	1학년	생「꽃들아, 가득 피어라」 「무럭무럭 자라라 고구마야」	→ 활「토끼야, 안녕」 도「여보세요, 거북아」	→ 생「토끼하고 사이좋게」 활「생물을 길러보자」 도「신기한 씨앗」	→ → 생「여름놀이터 탐험」 미「자연은 친구」	
	2학년	생「너도나도 농사꾼」	→ 생「야마토 수족관」 음「개구리들의 합창」 도「지저귀는 종달새」	→ → 도「햄스터」	→ → 생「달려라, 야마토호」 미「벌레가 사는 집」	
	3학년	사「공민관과 우리들의 생활」 과「화초를 키우자」 「흙과 돌을 관찰하자」 도「초록」	사「계속되는 꽃축제」 (쓰레기 없애기 작전) → 과「나비를 기르자」 활「밭에서 야채를 키우자」	사「학교 주변모습」 → →	미「살아나는 재료」 →	
	4학년	사「우리들의 생활과 물」 과「따뜻해지면」 도「고래의 눈물」	사「우리들의 삶과 쓰레기」 미「화초의 비밀」 도「벚꽃」	과「더워져서」 「생물의 하루와 인간의 몸」 사「시설견학」 미「장소를 살려서」	과「자유연구」 미「자연을 지키는 포스터」	
	5학년	사「농업이 한창인 지역」 과「종자 만들기와 발아」 가「준비물 정리」	→ 도「카메라 할머니」 과「기온과 날씨의 변화」 가「성장과 음식」 활「밭에서 작물을 만들자」	사「전통을 살리는 공업」 과「식물의 성장」 미「빈 깡통의 변화」 보「병의 예방」	과「자유연구」 도「얼룩고양이와 할아버지」 「오세를 지키자」	
	6학년	미「생활 속 사람들」	과「감자를 키우자」 미「환경과 미술」 학「농원의 작물을 알아보자」 도「연꽃의 씨」	과「식물의 몸과 일광」 미「우주의 교신」 가「식사와 가공식품」 보「병의 예방」	과「자유연구」 가「청결한 의복」 도「손바닥 열쇠」	
특별활동	학교행사			6학년 사도 트레이닝 센터		(각자 한가지 연구)
	아동모임 (위원회)	· 빈 통 회수활동 · 꽃 활동	→ 남은 채소 처리활동	→	→	→
	동아리	자연관찰 동아리 물재배활동 (멜론, 토마토)	→	국화꽃 인당 하나씩 재배	→	
야마토 타임		전교 식물재배계획입안	꽃 재배 활동 밭 준비, 모종	→ 성장관찰	→ 수확	→
환경미화활동			부모님과 환경미화 활동		환경미화 활동	
조회(朝会)활동		교장선생님 연설(사계절의 식물소개) 학년부 발표(자연관찰 발표)	→	→	→	
시설 · 도구준비		도구확인 시설점검				도구 등 수리
자료준비		지역소재(素材)수집	→ 활동 결과에 대한 정리자료보관 · 전시 (전시코너 설치)	→	→	→
지역제휴	PTA활동		부모와 함께 환경미화활동 1학년 PTC-밭에서 풀뽑기	4학년 PTC-하수 쓰레기 처리장 견학 5학년 PTC 체험교실	3학년 PTC-자연산책	1 · 2학년 부모와 작물재배활동
	청소년 육성회의			제1회 클린작전	야시로강 제방에 코스모스 씨뿌리기	어린이모임 쓰레기모으기 활동 제2회 클린작전

출처: 「지금 학교에서의 환경교육II」 죠에쓰시립 야마토 초등학교 1995

9월	10월	11월	12월	1월	2월	3월
과제 해결방법 확인			활동의 반성과 과제확인	해결방법 확인	년간 반성과 과제확인	
수업연구	수업연구· 야외연수	수업연구	수업연구	한사람 한가지 실천 정리	연구개요 작성	연구방법· 내용재확인
→ 생「씨를 드려요」 → 도「달팽이」	생「가을을찾아보자」 도「까마귀와비둘기」 활「잃은 물건을 찾아보자」	활「수확을 하자」 생「감자축제」	도「노란벤치」	생「바람과 놀자」 → 「눈과 친구」 →	도「튤립」	미「자연은 친구」 활「교실을 깨끗이 하자」 도「집오리 그리기」
→ 음「좋은 소리 발견하기」 → (곤충소리 새소리) 도「비밀 장소」	도「해바라기」	생「꼬마 탐험대」 활「물건을 소중히」				도「길 잃은 강아지」 「어린이」
사「농가의 사람과 일」 과「화초를 키우자」 「곤충의 몸을 알아보자」 도「축제의 북」	사「공장에서 일하 는 사람들의 일」 도「엄마, 울지 마세요」	사「사람들의 생활 과 상점가」 과「인간의 몸에 대해 알아보자」 활「수확제를 열자」	도「바위산의 새둥지」 「물 마시는 곳」	사「내 주변에서 옛날 찾아보기」	사「옛날교통 알아 보기」 「옛날축제 알아 보기」	도「원숭이와 함께 길 만들기」
사「평야의 발견」 과「흐르는 물의 활동」 미「내가 발견한 장소」	과「시원해져서」 도「거북이 횡단」	활「수확제를 성공 시키자」	사「눈이 많은 죠에쓰 시 사람들의 생활」 국「옛날놀이를 알아보자」	과「추워지면」 도「산악경비대」	국「눈과 생활」 도「젖은 종이봉투」	과「따뜻함과 생물」 도「개미지옥이 살아나면」
과「꽃에서 열매로」 미「생활의 발견」	사「공해를 막기 위한 노력」 과「동물과 인간의 → 탄생」 가「건강과 음식」 도「볏가리의 불로 생명을 구하자」	가「깨끗한 생활」 → 활「수확제를 열자」		과「겨울날씨」 도「10년 경과」	사「살기 좋은 환경을 생각하자」 국「숲의 선물」	
과「대지 만들기」 미「풍경을 표현하자」 미「점토」	사「야마토의 옛날을 방문하자」 가「생활과 쇼핑」 보「건강한 생활」 도「마더 테레사」	과「사람과 동물의 몸 그리고 일」 활「수확제를 열자」	사「정치와 생활」	가「가족에게 선물」	사「국제연합의 일」 과「사람과 환경」 가「가정생활과 사회」	사「국제사회에 미치는 영향」 도「곶에 서서」
연구발표회 (5학년 야외활동)	소풍, 문화제				스키 타기	
→	오리엔테이션 → (자연관찰) →	→	→	→	→	
국화꽃 인당 하나씩 재배 →		→				
벚꽃재배 →						→
꽃 재배활동 → → 수확 →	→ 수확	시네라이아 인당 하나씩 재배 수확제	「연어에 대한 학습」 기록의 정비	문집작성		
	환경미화활동		환경미화활동			환경미화활동
교장선생님 연설(사계절의 식물소개) →					→	
학년부 발표(자연관찰 발표) →					→	
			도구정리			
→					→	
→					→	
	6학년 PTC 이토이강 박물관 견학				스키타기 지도	
야시로강 제방 풀 뽑기			제3회 클린작전			

8 탐험 북을 만들어보자

[이와타 두근두근 탐험 북]

이와타시 총무부 기획과 (시즈오카현 이와타시)

활동의 시작은?

- 이 책은 이와타시가 초등학교 · 중학교 학생들을 위한 사회과목 부교재의 실제 체험판으로 작성했습니다. (1993년도)
- 아이들에게 자신이 살고 있는 지역과 시 전체에 대해 관심을 갖게 하고, 직접 체험형으로 학습하는 기회를 제공하는 것을 목표로 하고 있습니다.
- 지금의 어린이들이 어른이 되어서도 지역을 중요하게 여기고 지역 환경이나 커뮤니티를 스스로 감지하여 보다 많이 체험함으로써 고향의 맛과 멋을 느끼는 것이 중요합니다.
- 아이들 개개인의 마음에 자신의 실감에 근거한 생생한 고향상(故鄕像)을 가지게 하는 것, 고향에 친근감을 갖게 하고, 지역을 배우고, 상상력이 풍부한 아이를 키우는 것이 기본적인 목표입니다.
- 매년 4월에 새 학기 교재배부에 맞춰 3학년 전원에게 배부하고 있습니다.

  각 지역의 초등학교 도서관이나 시내의 주민회관에도 놓아두었습니다.

● この本を作った人々

まちづくり副読本作成ワーキング会議メンバー
角替弘志（静岡大学）　馬居政幸（静岡大学）
中澤哲也（磐田北小学校）　平野　徹（磐田南小学校）
鈴木勝則（長野小学校）　太田静夫（磐田市教育委員会）
荻原礼子（子どもとまち研究所）
制作／地域まちづくり研究所
編集／荻原礼子
デザイン／木村　文
イラスト／木村　文・木村しゅうじ・松井なつ代

탐험북 말미에 있는 엽서에 감상 등을 보내주시면 특제 “이와타 두근두근 탐험대 열쇠고리”를 증정합니다!

이런 식으로 만들어 보았습니다

- 1992년도부터 2년에 걸쳐, 6번의 워킹회의를 개최했습니다.
- 7명의 워킹회의 멤버는 대학교수와 현지 초등학교 교사, 마을 만들기 계획가 등 전문가와 지역을 잘 아는 사람들로 구성되었습니다.
- 회의 외에 실제 교육현장에서는 어떤 부교재를 필요로 하고 있는지 선생님들께 물어보거나, 이와타시만의 독창적인 책으로 만들기 위해 이와타시에 사는 3세대의 부모자식과 초등학생들에게 놀이터나 비밀기지에 대해 알아보았습니다.

이런 내용입니다

◆ 알고 있는 것을 재미있는 지도로 나타내보자!

- 이미지를 지도로 그려본다면
- 자기만의 색다른 지도를 만들자
- 친구와 같이 큰 지도를 만들자

◆ 마을에 재미있는 탐험에 나가보자!

- 탐험 계획을 세우자
- 탐험 방법

이런 활용방법이 있습니다

- 주로 초등학교, 중학교 학생을 대상으로 하지만 프로그램의 실행방법을 고안한다면 고학년이나 저학년, 또는 어른과 아이들 혼성팀, 가족 팀을 대상으로 한 활용도 가능합니다. 한편, 사회인의 지역학습과 연수 등의 활용 등, 폭넓은 활용도 가능합니다.

- 여름방학의 자유연구 과제의 하나로 활용하거나 지역실정에 맞게 재구성하여 어린이회나 PTA 활동, 주민회관 활동 등에도 활용할 수 있습니다.
- 다른 시에서 전입해 온 새로운 시민들에게는 이와타시의 소개서가 될지도 모릅니다.

실제로 이렇게 활용해주었습니다

- 이와타 시립 후시미 초등학교에 다니는 요시노 사오리씨는 여름방학의 자유연구 과제로 [마을만들기 탐험 그림 두루마리]를 작성했습니다.

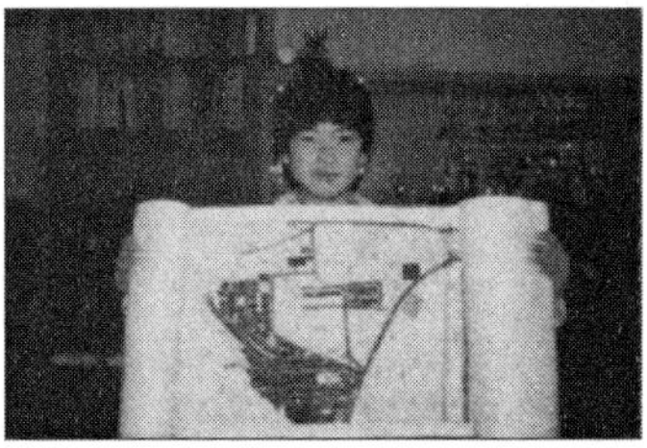

'마을만들기 탐험' 그림 두루마리를 펼쳐보는 요시노 사오리씨

- 요시노 사오리씨의 이야기 : 「제가 사는 히가시 오쿠보지구에 대해 더 많이 알고 싶다고 생각해서 그림지도를 만들게 되었습니다. 햇볕이 쨍쨍 내리쬐는 날에 돌아다녀서 힘들었지만, 어른들이 여러 가지로 많이 알려주셔서 가슴 설레며 탐험할 수 있었습니다. 저의 집 근처에서는 너구리를 볼 수 있는데, 최근 차에 치인 너구리를 자주 볼 수 있습니다. 길이 좁은 것이 조금 불편하지만 근처에 숲이 있어 공기도 좋고, 너구리들을 위해서도 저는 지금 이대로의 히가시 오쿠보지구로 남아 있으면 좋겠다고 생각합니다.」

선구자의 한마디 – 1

미야기 도쿠코 (이와타 시청)

게재하는 내용 하나하나가 새로운 발견이었고 책을 펴냄과 동시에 나 자신도 이와타시에 대해 배울 수 있었습니다. 책상위에서 얻는 것과 직접 발품을 파는 것은 큰 차이가 있어서 아이들에게도 꼭 발견의 재미와 설레는 기분을 느끼게 해주고 싶습니다. 이 책이 아이들이 갖고 있는 풍부한 감성을 자극하고 고향인 이와타시에 자부심을 갖게 하는 기폭제가 되었으면 하는 바람입니다.

선구자의 한마디 – 2

나카자와 테츠야 (이와타 시립 오오후지 초등학교)

아이들은 주어진 것에만 관심을 갖기 때문에 보지 못한 것들이 많다. 그래서 학교 밖으로 나가 더 많은 것들에 관심을 가져야 한다고 생각합니다. 아이들의 관심을 넓히기 위해 학교 이외의 장소에서 이 책을 사용하고 싶습니다. 지도자가 되는 어른들도, 아이들에게만 전부 맡기는 것이 아닌 직접 한번 체험을 해보고 마을탐험의 즐거움을 맛보았으면 좋겠습니다.

9 답사 책을 만들어보자

[FIELD WORK BOOK]

시즈오카현 농정부 농지계획과 (시즈오카현)

활동의 시작은?

- 이 책은 시즈오카현 농정부가 1994년도에 농촌 취락계획을 위한 워크숍 활용의 일환으로 특별히 주민주체의 취락점검 방법에 대해서 정리한 것입니다.
- 취락지의 장래구상을 할 때 「나의 토지는 줄이지 않고, 도로는 넓어졌으면 좋겠다」는 요구의 충돌이나 「누군가 해주겠지」라는 타인 의존형의 대화로 이어지는 경우가 많아 의견을 모으는 것은 어렵습니다.
- 또한 주민참가라 해도 취락의 기본방법에 대해 검토해보는 장소에 여성이나 젊은이가 참가하는 것은 어려운 경우가 많은데 하물며 아이들은 처음부터 제외입니다.
- 이 책은 이런 사람들에게도 참가의 기회를 주고, 계획안 만들기나 실행계획을 만들어 가는데 있어 지역에 사는 다양한 입장을 가진 사람들도 참여할 수 있는 워크숍의 방법을 소개하고 있습니다.

이런 내용입니다

- 크게 [기초편] [실천편] [응용편]으로 나뉘어 있고, 실제로 지역(농촌취락)의 환경 개선이나 새로운 경관형성 등의 활동에 임할 때 지침서로 활용될 수 있도록 하였습니다.

◆ 기초편

프로그래밍/ 준비할 일/ 준비할 물건/ 관점/ 워크숍 정리방법

◆ 실천편

워크숍에 대한 기록/ 워크숍 재료/ 점검지도의 활용방법

◆ 응용편

BOTTOM UP이 중요하다!/ 보급사업의 대처/ 지역의 특색을 찾는다/ 지역 만들기를 추진하는 지원사업/ 계획에서 실천으로/ 농촌환경의 쾌적성 구성 등

활용 실적

- 시즈오카 현에서는 현(縣) 단독 보조 사업으로 1994년도에 "농촌취락 정비구상 책정사업"을, 1995년도에 "중산간 지역 거점 취락 정비구상 책정사업"을 창설하여 1995년도까지 현 내 16 지구에서 실시하고 있습니다. 그 현장에서도 이 책은 활용되고 있습니다.

◆ 농촌취락 정비구상 책정사업 시행지구

〈1994년도〉

- 미시마시 하코네 니시후모토 지구
- 시즈미시 시시하라 지구
- 카와네쵸 누쿠리 지구
- 후쿠로이시 북부 지구
- 덴류시 아타고 지구
- 하마키타시 나카세 지구

〈1995년도〉

- 카와즈쵸 이카다바 지구
- 시바가와쵸 유노 지구
- 오이가와쵸 니시미나미 지구
- 카나야쵸 오오시로 지구
- 오오스가쵸 아라이 · 니기이리이 지구
- 후쿠데쵸 토요하마 지구

◆ 중산간지역 거점취락 정비구상 책정사업 시행지구

〈1995년도〉

- 나카이즈쵸 하츠마 · 죠 지구
- 시마다시 이쿠미 지구
- 카케가와시 쿠라미 지구
- 하루노쵸 남부 지구

예를 들어 시미즈시 시시하라 지구에서는

- 집 주위 자신의 농지주변은 알고 있지만, 마을전체는 모르는 것이 많습니다.
- 시시하라 지구에서는 현지의 주민들로 구성된 「시시하라를 생각하는 모임」이 중심이 되어 지역재발견 탐사를 실시했습니다.
- 참가자는 주민자치회, 생각하는 모임, 소방서, 부인회, 노인모임, PTA, 초등학생, 유치원생 부모 등 다양한 멤버입니다. 오전 중에 지역을 관찰하고 오후에는 관찰결과를 발표했습니다.
- 아이들은 어른들이 생각하지 못한 곳에 흥미를 갖습니다. 녹음이 무성하다해도 아이들이 활발하게 놀 수 있는 장소는 확실히 줄어들고 있다는 것을 깨달았습니다.
- 그 밖에도 생각하는 모임에서는 다양한 워크숍 방법으로 장래의 구상 만들기를 추진하고 있습니다.

선구자의 한마디 – 1

모치즈키 토시사치 (시시하라를 생각하는 모임 회장)

앞으로 지역에 대해 생각할 때 지역의 내일을 짊어질 귀중한 인재인 아이들의 참여가 없어서는 안 됩니다. 아이들이 참여하면 어른들도 참여하게 되고, 마을만들기의 고리가 넓어짐과 동시에 고향을 소중하게 생각하는 마음도 커지겠지요.

선구자의 한마디 – 2

오하세 야요이 (시즈오카현 중부 농림사무소 경영지도과)

어른들의 가치관이 최우선시 되면서 시골에서도 아이들의 일상공간은 분단되어지고, 아이들의 생각이 잊혀져가고 있다는 중요한 사실을 알게 되었습니다. 마을만들기에 대해 어른들은 조금 더 많이 아이들과 이야기를 나누어야 할 것입니다.

1-5. 해외에서는 이런 활동을 하고 있습니다

해외에서는 아이들과 마을, 그리고 건물의 관계가 어떤 식으로 관련되어지고 있을까?
이 단원에서는 이러한 활동에 관심이 있는 개인이나 활동그룹이 해외와의 네트워크 등을 통해 모은 몇 가지 대안을 소개합니다.

1 해외의 그림책과 마을만들기

- 유럽이나 미국의 그림책에는 생활과 마을의 모습이 생생하게 표현된 책들이 많습니다.
- 이러한 그림책에 의해 아이들은 생활이나 마을만들기에 대해서 이미지를 형성해보거나 즐기면서 배우는 것이 가능한 건 아닐까 생각합니다.
- 여기에서는 엔도 야스히로 교수가 오랜 시간에 걸쳐 수집한 집과 마을에 관련된 그림책을 몇 가지 소개해보겠습니다.

목욕탕을 하늘색으로 칠하고 싶어

글 / 루스 크라우스, 그림 / 모리스 샌닥,
역 / 오오오카 노부 (이와나미 서점, 1979년)

- 주인공 어린이는 "목욕탕을 하늘색으로 칠하고 싶어"라고 생각하지만 아빠는 허락해주지 않습니다. 그래서 나를 위한 특별한 집을 만들고 싶다는 꿈을 꿉니다.
- 놀이방의 벽은 하얀색으로 하고, 거기에 거북이도 그려 넣고, 천장은 초록색으로 칠하고, 집 둘레에 많은 씨를 뿌려도 보고, 그리고 새하얀 문에는 분홍색 손잡이를 달아보는~
- 이 그림책은 아이들의 집에 대한 애착심과 창조력을 키워줍니다.

바바파파의 집찾기

글 · 그림 / 안네트 티종 & 탈루스 테일러,
역 / 야마시타 하루오 (고단샤, 1975년)

- 자신의 모습을 자유자재로 변신하는 몬스터 바바파파의 가족이 자신들 생활에 맞는 집을 찾아가는 이야기입니다.
- 바바파파 가족의 집이 무너지자 허름한 집을 찾아 이사를 갑니다. 하지만 외출을 나간 사이에 그만 집이 무너지고 맙니다. 그래서 바바파파네 가족은 새 단지에 이사를 가지만 마음에 들지 않아 다시 떠나게 됩니다.
- 이윽고 연못근처 언덕에 부지를 발견하게 되어 바바파파의 몸을 변신시켜 아이들이 원하는 방을 만들고 연결해서 개성이 넘치는 집을 만들었답니다.

작은 집 이야기

글 · 그림 / 버지니아 리버튼,
역 / 이시이 모모코 (이와나미 서점, 1965년)

- 시골에 있는 작은 집 한 채의 일생 이야기. 집의 정면은 사람의 얼굴처럼 보입니다.
- 작은 집은 나무와 들판에 둘러싸여 작은 새와 꽃들이 넘치는 환경에서 행복한 표정을 하며 지내고 있었습니다. 하지만 도시에 대한 동경도 조금은 있었습니다.
- 어느 날 작은 집 앞의 도로가 파헤쳐지고, 그 후로 주택과 상가들이 들어

서게 되었습니다.

- 고층건물들이 세워지고 고가철도가 생기고 전철이 다니기 시작하자 작은 집은 그만 대도시의 빌딩숲 속으로 처박히고 말았습니다. 이 때의 작은 집은 울고 있는 것처럼 보입니다.
- 나중에 작은 집은 예전에 살던 시골의 언덕위로 이사하게 됩니다. 주거지와 그곳에 사는 사람들은 주위환경에 의해 행복을 느끼거나 불행해 하거나 하는 것이 작은 집의 표정을 통해서 비춰지는 그림책입니다.

내 정원이 생겼어

글 / 게르다 뮬러
역 / 사사키 다쓰코 (문화출판사, 1989년)

- 황량한 정원에 이사오게 된 가족이 함께 정원을 가꾸는 이야기입니다.
- 사과나무가 되살아나고, 야채와 꽃, 벌레와 새들이 사람들과 어울려 지내게 되는 모습이 그려져 있습니다.
- 정원에서 뽑은 민들레로 만든 샐러드와, 잎사귀로 왕관을 만들어 친구들을 초대해 파티를 여는 등, 사계절을 통해서 정원이 음식이나 놀이 속에 침투해가는 삶이 멋집니다.

참고 : 「이런 집에 살고싶다 - 그림책으로 보는 주택과 도시」 엔도 야스히로 저 (쇼분사 1983년)
「이런 집 이런 마을에 살고싶다 기획전 팜플렛」 고베시 · 고베시 주택공급공사 · (재)고베 국제교류협회 / 감수 · 해설 : 엔도 야스히로 (1990년)

2 영국에서는

1. 살기 좋은 마을로 제안하자
- 합숙편 (Art & The Build Environment Project)

워크숍 배경

- 영국에서는 [자신들의 주거 환경은 스스로가 만든다]라는 의식을 키워 주기 위해 「Art & The Build Environment Project (예술과 환경조성 프로젝트)」가 진행되어 학교 교육에도 도입되고 있습니다.

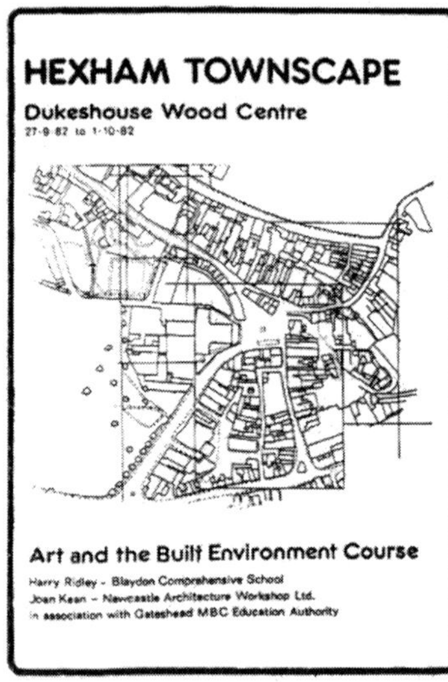

워크숍 보고서

- 또 Newcastle Architecture Workshop이라는 단체가 지역건축가, 플래너(계획가), 토목기술자, 조경사에 의해 구성되어 마을학습 프로그램의 추진자역할, 서포트 역할을 맡고 있습니다.
- 여기에서 소개하는 핵삼(HEXHAM)의 사례는 통합제 중학교 6학년 학생(한국의 고3)이 핵삼이라는 마을을 방문해 합숙하면서 워크숍을 체험한 것입니다.
- 마을걷기부터 시작해 마을에의 제안을 종합하여 발표회를 가졌습니다.
- [Art & The Build Environment Project]의 일환으로 뉴캐슬 아키텍처 워크숍의 협력을 받아 진행된 것입니다.

Step1 마을학습 프로그램

- 버스를 타고 현지로 가서 먼저 그 마을을 조사하는 것부터 시작합니다.

① 스피드 · 스케치 (약 2시간)

거리를 걸으면서 눈에 띄는 곳을 스케치해 나갑니다. 120분에 30장. 잘 그리기보다는 보이는 것을 정확하게 표현하여 정보전달의 수단으로 이용합니다.

② THE GOOD, THE BAD, THE UGLY (약 2시간)

스피드 · 스케치를 했던 장소로 돌아가서, 아래 3가지 조건에 꼭 맞는 장소를 고릅니다.

THE GOOD – 기분 좋음, 쾌적함
THE BAD – 불쾌, 황폐해져 있음
THE UGLY – 개선의 여지가 있음

왜 그런 평가를 했는지 설명하기 위해 그림이나 도표, 지도, 메모 등의 기록을 해 둡니다.

③ 마을의 스파이 · 리포트 (3시간)

~라는 말로 마을 표현하기

- 마을을 표현하는 형용사를 키워드로 정합니다. 마을 안에서 그 형용사가 꼭 들어맞는 장소를 선택해 그림을 그립니다.
- 스피드 · 스케치로 그린 그림에 건물의 색이나 모습, 사이즈 등의 설명을 남겨둡니다.

④ 마을의 장애물 찾기 (3시간)

- 전망 좋은 곳을 찾아 마을을 스케치해 봅니다.
- 그려진 풍경 속으로 가서 그 곳에서 보이는 것을 그립니다. 장애물로 인해 감추어져 있던 것이 보입니다. 이 작업을 4번 정도 반복합니다.
- 스튜디오로 돌아와서 마을에서 건물 등의 장애물을 제거해보면, 어떤 풍경이 될지 그려봅시다. 또 마을의 특징이 될 만한 것을 새로 추가해봅니다.

Step2 마을에의 제안 만들기 (1.5일)

- 마을학습에서 배운 것을 토대로 지역을 설정하여 마을에 대한 제안을 합니다.
주위환경, 지역특성, 교통 등의 조건도 고려합니다.

[설정지역]
- 번화가에서 벗어난 지역
- 빈민 지역
- 상점들이 늘어선 번화가
- 시민센터가 있는 지역

Step3 마을에의 제안 발표회

- 프로그램에 협력해주신 건축가, 계획가, 미술교사에게 제안을 합니다.

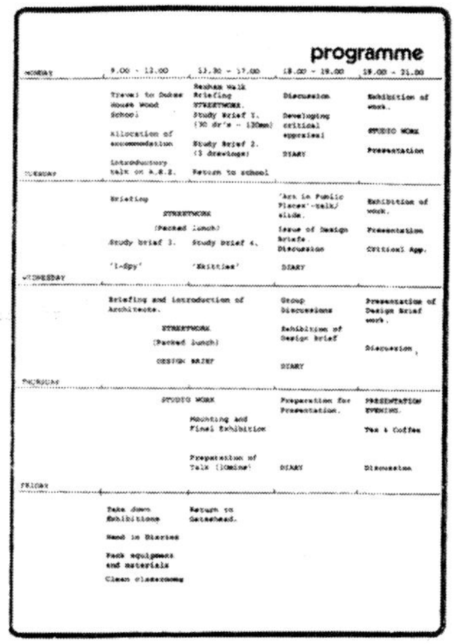

programme

	9.00 - 12.00	13.30 - 17.00	18.00 - 19.00	19.00 - 21.00
MONDAY	Travel to Dukes House Wood School Allocation of accommodation Introductory talk on A.E.Z.	Hexham Walk Briefing STREETWORK. Study Brief 1. (30 dr's - 120mm) Study Brief 2. (3 drawings) Return to school	Discussion Developing critical appraisal DIARY	Exhibition of work. STUDIO WORK Presentation
TUESDAY	Briefing STREETWORK (Packed lunch) Study brief 3. 'I-Spy'	Study brief 4. 'Skitties'	'Art in Public Places'-talk/slide. Issue of Design Briefs. Discussion DIARY	Exhibition of work. Presentation Critical App.
WEDNESDAY	Briefing and introduction of Architects. STREETWORK (Packed lunch) DESIGN BRIEF		Group Discussions Exhibition of Design brief DIARY	Presentation of Design Brief work. Discussion.
THURSDAY	STUDIO WORK	Mounting and Final Exhibition Preparation of Talk (10mins)	Preparation for Presentation. DIARY	PRESENTATION EVENING. Tea & Coffee Discussion
FRIDAY	Take down Exhibitions Hand in Diaries Pack equipment and materials Clean classrooms	Return to Gateshead.		

합숙 프로그램.
21:00까지 예정되어 있었지만 학생들이 열중해서 새벽 1시가 넘도록 작업이 계속되었다. 5일간에 걸친 집중코스.

출처 :「HEXHAM TOWNSCAPE」
뉴캐슬 아키텍쳐 워크숍 출판

2. 나의 마을에 대해 좀 더 알아보자 -교통편 (Art & The Build Environment Project)

워크숍 배경

- 영국의 바이커(BYKER)에 있는 레이비 스트리트 초등학교 3학년 학생들이 담임선생님의 지도하에 수행한 프로그램으로 Art & The Build Environment Project를 토대로 Newcastle Architecture Workshop의 협력을 얻어 1985년에 진행되었습니다.
- 「나의 마을을 아는 것」을 목적으로 프로그램을 기획했는데 마을의 역사에 대해서는 이미 학습을 해두었기에 현재 마을의 상태 · 모습에 초점을 두었습니다.
- 자신의 마을과 전혀 다른 환경의 마을을 찾아가 비교 · 검토하기 위해 타교와의 교류회도 진행했습니다. 이전부터 연락을 주고받던 자매학교인 폰트랜드 미들 초등학교와도 만남을 가졌습니다.

이런 활동을 진행 했습니다

Step1 관점을 바꿔 마을을 보자

① 멘탈 지도

- 학교에서 집까지의 길을 생각하면서 지도를 그려봅니다. 표적이 되는 것은 어떤 것일까?
- 완성되면 반에서 발표하고 서로의 지도를 비교해봅니다.

② 눈가리기 마을체험

- 2명씩 짝이 되어 한명은 눈을 가리고, 나머지 한명은 가이드 겸 기록자가 되어 마을을 걸어봅니다.

눈가리기 마을체험용 워크 시트

- 눈을 가리고 걸어보면 마을이 어떻게 느껴지는지 이야기를 나누어봅니다.

③ 랜드마크 보는 방법 워칭 (Watching)

- 랜드마크 건물을 하나 정해서 그 건물을 향해 걸으며 보이는 각도의 변화를 관찰합니다.
  4군데에 멈춰서 보고, 보이는 장면을 기록합니다.
- 교실로 돌아와서 보이는 장면의 좋고 싫음을 생각해보고 각자 발표합니다.

④ 마을의 연속그림

- 마을을 일주하는 경로를 설정합니다.
- 건물과 주변환경의 조화를 의식하면서 간단한 스케치를 많이 그립니다.
- 교실로 돌아와서 어떤 풍경이 보였는지 보고합니다.

⑤ 설명 덧붙이기

- 연속그림을 그렸던 장소에 다시한번 나가서 각각의 그림에 설명을 덧붙입니다.
- 그리고 지도를 갖고 거리에 나와서 설명을 추가합니다.
- 교실로 돌아와서 각자 덧붙인 글에 대해 이야기를 나눕니다.

Step2 다른 마을의 학생을 초대하자

- 지역의 개요에 대하여 설명회를 하고 난 후에 연락상대와 대면합니다.

① 마을걷기

STEP1의 2~5중에서 무엇인가 한가지에 도전합니다. 연락상대와 짝이 되어 마을걷기를 합니다.

② 마을비교

자신의 마을과 다른 마을의 차이점에 대해 이야기를 나눕니다.

Step3 다른 마을을 방문해보자

- STEP 2에서 초대했던 학생이 살고 있는 마을을 방문해 STEP 2와 같은 활동을 합니다.

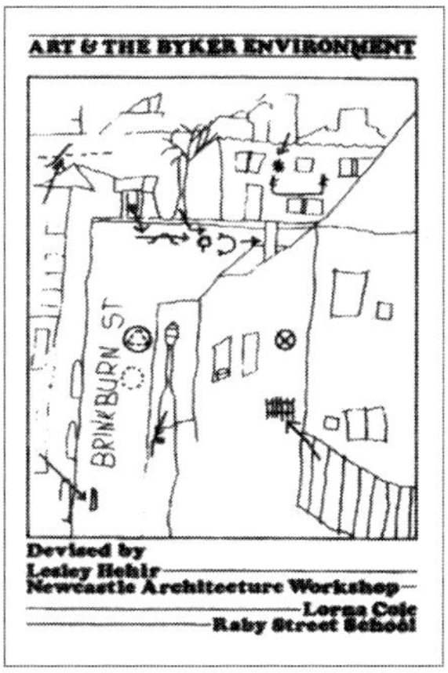

워크숍 보고서

출처 : 「ART & THE BYKER ENVIRONMENT」 뉴캐슬 아키텍쳐 워크숍 출판 1985년

선구자의 한마디

Lorna Cole

마을걷기를 하고 난 후에 교실에 돌아와 이야기하면서 수업에 따라오지 못했던 학생들도 적극적으로 발표하고, 동참하려는 마음이 보였던 것이 제일 기뻤습니다. 프로그램을 통해서 학생들은 어느새 바이커 마을을 「자신의 마을, 내 마을」로 인식하게 되었습니다.

3. 학교정원을 만들자 - (MAKING PLAY GROUNDS)

활동 배경

- 영국의 레이콕 초등학교에서는 1974년부터 학생들이 참가한 학교정원 만들기가 진행되었습니다.
- 「MAKING PLAYGROUNDS」는 레이콕 초등학교의 사례를 토대로 출판된 학습프로그램입니다. 실제의 활동이 미디어화 된 사례입니다.
- 현재 영국에서는 「Learning Through Landscape Project」가 정부에 의해 조직되어 아이들도 참가하여 학교정원을 개조하는 사례가 많이 있습니다. (1980년 Community Service Volunteer사 출판)
- 다양한 교과의 요소를 포함하는 학습프로그램이기 때문에 학교수업의 일환으로 사용됩니다.

MAKING PLAYGROUNDS 학습팩 자료집

이런 활동을 진행 했습니다

Step1 주변 환경을 살펴보자

1) 마을을 걸으며 지도 만들기

- 마을의 발견지도 만들기
- 어른의 관점, 어린이의 시점에 맞춘 지도 만들기

2) 마을을 탐색한다

- 주위 사람의 이야기를 듣는다
- 마을의 이미지는? 색상은? 냄새는? 산업은?

3) 건축 워칭(WATCHING)

- 오래 된 건축지도 만들기
- 건물평가/ 높이/ 경관은?

4) 공터조사

- 공터지역 지도 만들기
- 공터지역 이용계획안 만들기

5) 마을에 대한 인식체크

- 악질개발자를 찾자
- 엑스테리어(마을 외부공간)에 대한 구상은?

Step2 주변 환경을 살펴보자

6) 놀이터는 어디 있을까?

- 놀이터 실태 레포트 만들기 : 공원이나 길은 놀기에 적당한가?

7) 놀이터는 얼마나 있을까?

- 마을 놀이터 지도 만들기 : 놀이기구는? / 거리는?

8) 바라는 놀이터는?

- 레크레이션 장소 조사
- 인기 놀이터 사진촬영
- 놀이 인터뷰

9) 놀이 종류는?

- 놀이기구 종류 · 인기조사
- 놀이 회상문 만들기 : ~ 20년 후에 지금을 돌이켜 보면!

10) 놀이터의 상태는?

- 정비, 관리, 상태체크
- 안전성 체크
- 위험한 기구 배치는 괜찮은지?

11) 학교 교정체크

- 실태조사 : 재미있게 놀 수 있는지? / 사고 가능성?
- 게임놀이 내용조사

Step3 놀이와 학습을 생각하자

12) 학교에서 배우는 것은?

- 학교를 회상한다 : ~ 40년 후에 지금을 돌이켜 보며

13) 미래의 학교는?

- 꿈의 나라 생활을 그려보자!
- 미래의 생활, 학교상은? 미래의 놀이는?

14) 교사(校舍)관찰

- 건물의 모습, 인상체크
- 꿈의 교사(校舍)를 그려보자

Step4 자, 이제 학교정원을 만들자

15) 교정을 디자인하자

- 좋아하는 놀이터의 상세도 만들기
- 플랜 만들기
- 교정 만들기 협력자를 찾는다

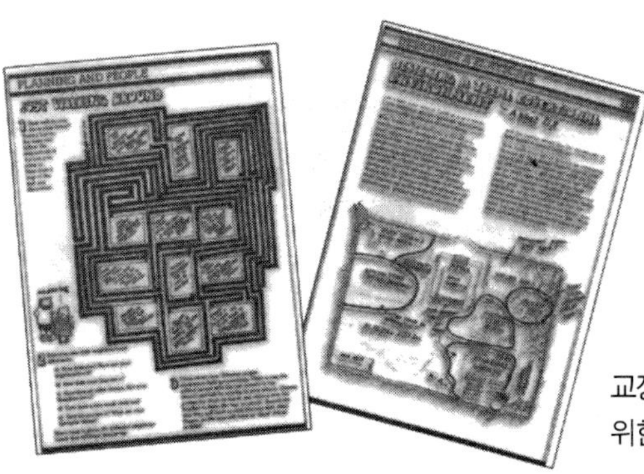

교정 만들기를 진행하기
위한 워크시트

16) 아이디어로 놀자

- 도움을 주는 부모님과 아이들을 모아서 놀이장소 아이디어를 브레인스토밍

17) 아이디어를 형상화하자

- 교정플랜 콜라쥬 만들기
- 모델과 설명서, 견적 만들기

18) 놀면서 학습할 수 있는 환경 만들기

- 학교전체의 계획안 만들기
  교정의 개조방안 만들기

◆ **학습팩 : 「MAKING PLAYGROUNDS」에 대해서**

이것은 아래의 것들이 세트화 된 것으로 학교의 수업과 지역의 학습그룹이 사용하도록 되어 있습니다.

– 워크시트 (18장)

먼저 평소와는 다른 관점에서 나의 마을에 대해 알아보는 것을 시작으로 교정의 환경계획에 대해 생각해보는 것까지 한 장 한 장 넘어갈 때 마다 교정 만들기에 다가가는 워크시트입니다.

– 포스터 (12장)

놀이터로 바꾼 교정의 현재와 향후 지도, 놀이의 역사 등을 생각하기 위해 간단한 일러스트로 만든 게시용 포스터.

– 지도(指導)가이드, 자료집 (3권)

교정 개선에 도전한 사례와 진행방법의 요점을 정리한 교재.

– 사례소개 슬라이드 (30장)

레이콕 초등학교 아이들이 만든 놀이터와 이곳에서 노는 아이들의 모습을 소개한 슬라이드.

– 학교 이용촉진 포스터 · 리플릿(전단지) (각 1장)

지역의 어른들을 데리고 오기 위한 선전도구

CSV EDUCATION

커뮤니티에서 활동을 하려는 사람들에게 제공하는 CSV (Community Service Volunteers)내에 있으며 학교나 대학과 함께 커뮤니티에서의 적극적인 활동이 젊은이들의 학습기회가 되도록 프로젝트를 진행하고 있다.

주소 : 237 Pentonville Road London N1 9NJ, UK
Tel : 0171-278-6601 / FAX : 0171-278-6600
E-mail : 100751, 3130@compuserve.com

4. 우리들의 마을만들기 작전
(마이클 노튼 저 / 그룹99역, 도시문화사 1993년)

- 이 책은 주로 중학생들과 선생님을 위한 교재로 1976년 영국에서 출판되어진 것입니다.
- 약 40년 전의 책이지만 소개된 프로그램과 사례 등은 지금도 충분히 재미있으며 여러 가지 힌트를 얻을 수 있다고 생각합니다.

화요일 오후 5시

너희들의 마을을 유괴했다.
무사히 돌려받고 싶다면 다음의 지시를 따라야한다.

1. 유괴한 것은 너희들이 나쁘기 때문이다. 너희들이 게으름을 피우고 모르는 척 하고 있어서 우리가 몰래 가지고 왔다. 그러니 너희들이 해야 할 것은 지금 벌어지고 있는 일에 적극적으로 관심을 가지는 일이다.

2. 마을에 살고 있는 것은 그 누구도 아닌 너희들이다. 마을이 어떻게 되어 있는지, 마을에서 무엇이 제일 재미있는지, 마을에는 어떤 문제들이 있는지 등을 너희들이 알고 있지 않으면 안 될 것이다. 또한 공공이 해결해주리라 전적으로 믿어서도 안된다.
그러니 마을에서 어떤 것들이 바뀌면 좋을지, 무엇을 그대로 유지하면 좋을지, 너희들 자신이 결정해야한다.

3. 마을을 이렇게 하면 좋겠다 라는 것에 대해 너희들 자신이 직접 나서 주면 좋겠다. 우리가 순순히 돌려 줄 거라 생각한다면 큰 오산이다. 너희들만의 모임을 만들어 신문에 투고도 하고 집회에도 참가하여 믿는 것을 향해서 일어서야 한다.
너희들이 이 지시를 내일저녁 6시전까지 전부 지킨다면 마을은 시청밖에 돌려놓을 것이다.

범인으로부터

p.s. 경찰에게 통보하면 안된다!

인트로덕션

왜 마을만들기에 참가해야하나?

작전1 누가 마을을 움직이고 있는 것인가?

누가 누구인지에 대해 알아보자
관공서에서는 어떤 일을 하는지 알아보자
그밖에 중요한 인물이 없는지 알아보자
토지를 소유하고 있는 사람을 알아보자
관공서에 가보자
진정(陳情)하기 좋은 방법을 생각해보자

작전2 마을모습에 대해 잘 알아보자

타운지도를 만들자
타운 트레일을 만들자
마을에서 무엇이 좋은가? 무엇이 싫은가?
마을 안 어떤 것들이 불편한가?
마을 어디에 유머가 있나?
마을 안에 있는 것을 세어보자
두근두근 도시연상게임
전시회를 열자
마을의 역사에 대해 알아보자
변해가는 마을을 기록하자
유토피아에 대해 생각해보자
미래도시를 계획하자

작전3 커뮤니티에 대해 생각해보자

어떤 커뮤니티 활동이 있는지 알아보자
커뮤니티 그룹을 만들어보자
커뮤니티 활동을 위한 전략
활동자금의 조달방법
보도용 자료를 써보자
커뮤니티 신문을 발행하자

작전4 가까운 곳부터 알아보자

어디가 당신이 살고 있는 지역인지 확인해보자
당신이 살고 있는 지역에 대해 더 알아보자
시민 농원을 시작하자
커뮤니티 벽화를 만들어 보자
지역에서 축제를 열자

작전5 프로젝트를 시작하자

학교 동아리를 만들어 활동을 시작해보자
학교의 환경을 좋게 만들자
신문 놀이 게임

◆ 사례1: 공원만들기

체슈어에서는 중학생들이 잡초가 우거진 들판을 록가든과 잔디 정원으로 새롭게 만들었습니다. 그곳에서 먼저 수년에 걸쳐 버려진 쓰레기와 식생 등에 관한 조사를 하고 난 후 35톤이나 되는 쓰레기를 주워 모았습니다. 작업을 진행하는 동안에 목공일을 하거나, 시멘트를 섞거나, 벽돌을 쌓거나, 그리고 조경을 잘 하는 학생도 많이 있었습니다.

재료의 대부분(100평방미터의 잔디와 25톤의 표토 등을 포함해서)은 지역 커뮤니티의 성금으로 충당했습니다.

칸포드

건축유산의 해 (헤리티지 이어) 수상기록 중에서

이것은 훌륭한 시도(試圖)의 기록입니다.

학교 안을 흐르고 있는 강가에 대한 정비계획을 검토하고 있던 예술학과 학생들에게 계획을 실현할 수 있는 기회가 주어졌습니다. 학생들은 우선 자전거를 두는 곳, 울타리, 석재하치장 등을 철거하여 보(둑)너머로 펼쳐지는 아름다운 전망을 만들어 냈습니다.

포장은 근처의 썩은 오두막에서 주어온 낡은 화로구이 벽돌을 주로 재사용했습니다. 벽돌에는 지금은 쓰이지 않는 낡은 도기의 산지명이 새겨져 있어, 그 이름이 보이도록 하였습니다.

제방변의 푸른 연석도 포장에 사용한 벽돌과 같이 버려두었던 것을 재사용 했습니다. 포장과 연석은 여기에 온 사람들을 새로운 입구에 자연스럽게 안내하는 것처럼 조심스럽게 배치했습니다.

새로운 입구에는 해체업자로부터 구매해온 빅토리아의 아름다운 철제 지붕을 달았습니다.

물레방아의 수로에 걸린 다리를 기점으로 섬 주위를 도는 즐거운 산책길과 보(둑), 그리고 연어의 어도(魚道) 등도 만들었습니다.

이런 풍경을 만드는 일을 학생들은 적은 예산임에도 불구하고 자신들의 손으로 훌륭하게 완성해낸 것 입니다. 이렇게 초라했던 곳이 이제 학교 안에서 제일 매력이 있는 장소로 재탄생했습니다.

철도연선의 황무지를 청소하고 식수활동을 계속하는 노팅그레이 고등학교 학생들 (리즈 이브닝 포스트)

유토피아를 계획해보자

1. 당신이 살고 싶다고 생각하는 이상도시를 글이나 그림으로 표현해 봅시다.
2. 대도시, 교외, 작은 마을, 시골에서 독립하여 산다는 것의 장점과 단점에 대해 이야기를 나누어 봅시다.
3. 아래 그림과 같은 고무도장을 만들어 이것으로 큰 종이위에 1000채의 집, 600대의 자동차, 30채의 가게, 20개의 커뮤니티 시설, 50개의 직장이 있는 마을을 설계해 봅시다.

   a. 면적의 약 10%를 공공을 위한 오픈 스페이스로 확보하고 저층건물을 가능한 한 빽빽하게 배치하여 마을을 설계해 봅니다.
   b. 같은 면적으로 고층건물을 세워서 마을을 설계해 봅시다.
   c. a의 경우보다 2배의 면적을 사용해서 주변을 더 확대하여 마을을 설계해 봅니다.
   d. 4배의 면적을 사용해서 더욱 확대된 마을을 설계해 봅니다. 각각의 케이스에서 몇 가지 다른 계획이 나올 것이라 생각합니다. 설계가 끝나면 각각의 장점과 단점에 대해서 토론해 봅시다.

4. 당신이 살고 있는 곳을 관찰한 후에 자금을 아낌없이 쓸 수 있다면, 이상적인 생활환경으로 만들기 위해서 어떤 것들을 할 수 있을지 토론해 봅시다.
5. 다음과 같은 사람들에게 특별하게 배려를 더한 커뮤니티를 계획해 봅시다. 노인, 5세미만의 아이들, 맞벌이 가정, 장애우, 강아지. 각각의 커뮤니티는 어떤 특색을 갖게 될까요? 우리들이 살고 있는 커뮤니티와는 어떻게 다를 까요? 어떻게 하면 노인의 요구에 맞게 커뮤니티를 계획할 수 있을까요? 5세미만의 아이들과 맞벌이 가정, 또 휠체어를 이용하는 사람들의 요구에 맞도록 계획하려면 어떻게 하면 좋을까요?

3 미국에서는

1. ARCHITECTURE AND CHILDREN

"ARCHITECTURE AND CHILDREN"은 뉴멕시코 대학 안 테일러 교수가 20년에 걸친 교육실천에 따라 1987년에 개발한 건축과 그 디자인프로세스를 소재로 한 종합학습을 위한 교육방법론입니다. 개발은 건축가 조지 브라스토스와 미국건축가협회가 협력하였는데, 이 방법은 미국건축가협회의 환경교육 프로젝트인 LEARNING BY DESIGN의 하나로 자리매김하고 있습니다.

안 테일러 교수는 자신의 아이들과 해변에서 조개잡이를 하고 있을 때, 환경에서 배우는 아이들의 왕성한 학습력과 창조의욕을 목격한 것이 이 방법을 개발하게 된 출발점이라고 말하고 있습니다.

"ARCHITECTURE AND CHILDREN"은 도법(図法), 구조, 인테리어, 역사, 마을만들기 등 건축적인 주제에 따라 16단원으로 구성되어 있는데, 이것들은 부분적으로 빼내서 수학, 과학, 사회 그 외 여러 가지 수업을 위해 독립적으로 사용할 수 있습니다. 또 그 중 어느 것이든 건축 설계과정을 모델로 한 학습 형식에 따라, 친근한 인공 환경체험에 연결시키면서 여러 과목을 동시에 배울 수 있도록 짜여 있습니다.

안 테일러 교수는 건축이 가진 생활, 사회, 자연 등과 밀접한 구체성, 과학과 예술의 융합 및 창조성이라는 다중적인 성질을, 인간은 어떻게든 일에 연결시키기 위해 여러 지능을 사용할 수 있다는 심리학자 하워드 가드너의 지능 다중성이론에 연관시켰습니다. 환경과 접촉을 통해 아이의 학습능력, 문제해결과 창조력을 높이는 종합학습의 매체로 건축을 이용하고 있습니다.

현재는 워싱턴주 시애틀시나 뉴멕시코주 앨버카키시를 중심으로 실천되고 있습니다. 1991년부터 일본건축학회 등이 같은 커리큘럼을 일본에게 소개하고 보급하는 활동을 실시하고 있으며 1995년에는 건축과 어린이들 네트워크(대표 : 이나바 타케시 공립여자대학 교수)가 설립되어 센다이시, 죠에쓰시, 니가타시 등 여러 곳에서 실천활동이 진행되고 있습니다.

건축과 어린이들 네트워크의 관계자들이 뉴멕시코를 방문했을 때의 모습. 왼쪽이 안 테일러 교수.

● 안 테일러
- 뉴멕시코 대학 건축학부 교수
- 동 대학 환경교육 연구소장
- 스쿨존협회 소장

2. City Building Education

"City Building Education"은 켈리포니아 주립 공과대학 포모나 캠퍼스 도린 넬슨 교수가 1969년에 개발한 마을만들기를 주제로 한 종합학습을 위한 교육방법론입니다.

이 방법은 '교육은 아이들이 지역에서 몸소 체험하며 배우는 것이다' 라는 교육학자 J. 듀이의 이론을 하나의 모델로 하고 있습니다. 미래에 자신들의 삶이나 마을을 만드는 「마을만들기 교육」(City Building Education)이라는 교육프로그램을 만들어 아이들이 과거에 사람들이 어려서부터 지역에서 배운 대로 모두가 하나가 되어 자연을 위한 확실하고 다양한 지식과 기능을 획득할 수 있는 길을 열었습니다.

마을을 만드는 것은 단순하게 현존하는 것을 그대로 따르는 것이 아닌 미래를 만드는 것, 결국 새로운 창조입니다. 그러므로 이 과정을 통해서 발명과 창조라는 능력은 지금까지의 교육에서는 타고나는 천성으로 보고 관여하지 않았던 것도 교육시킬 수 있다고 넬슨교수는 주장하고 있습니다.

넬슨교수는 로스앤젤레스시와 포모나시를 중심으로 유치원과 대학까지의 학교교육과 지역교육현장에서 27년 이상에 걸쳐 연구와 실천을 진행하고 있습니다. 또한 애플 컴퓨터사나 맥시스사의

● 도린 넬슨
- 캘리포니아 주립 공과대학 포모나 캠퍼스 교육 · 종합학습부 겸임교수
- 동 공과대학 환경디자인학부 교수
- 마을만들기 교육센터 소장
- 미국건축가협회 명예회원

건축과 어린이들 네트워크 분들이 'City Building Education' 연수를 받고 있는 모습

출처 : 이나바 타케시 외「'94풀뿌리 미일교류 마을만들기 교육 포럼 in 센다이」

컨설턴트로서 “City Building Education”을 응용한 컴퓨터 교육연구도 하고 있습니다.

1994년 6월 넬슨 교수를 강사로 초빙해 「'94 풀뿌리 미일교류 마을만들기 교육 포럼 in 센다이」(주최 : 일본건축학회 · 미야기현 건축사회 · 건축과 어린이들 네트워크 센다이)가 개최되어 여기에서 “City Building Education”이 처음으로 소개되었습니다.

3. CUBE (인공환경 이해센터)

CUBE (Center for Understanding The Built Environment)는 캔자스시에 사는 지니 그레이브스 대표가 1983년에 만든 인공환경을 교육의 도구로 이용하는 것을 목적으로 한 환경교육의 실천 조직입니다.

CUBE에서는 “Box City”(1969년 개발)와 “Walk Around the Block”이라는 2개의 커리큘럼을 기초로 다양한 코스와 워크숍이 진행되고 있으며 그 밖에 뉴스레터와 지도서를 발행했습니다. 활동의 목적은 단순히 아이들에게 인공환경의 평가에 대해 배우게 하거나, 문제해결력과 사회적인 스킬(기술)을 길러줄 뿐만 아니라

1993년 뉴멕시코에서 열린 건축과 어린이들 국제회의. 왼쪽에서 2번째가 지니 그레이브스 대표.

출처 : 「'93 건축과 어린이들 국제회의 in 뉴멕시코 프로그램」

"Responsible Action(책임 있는 행동)"을 길러주는 것이라고 그레이브스 대표는 언급하고 있습니다.

4. Architecture in Education (교육 속의 건축)

Architecture in Education은 어린이들에게 건축과 도시디자인에 대한 인식과 이해를 높여주기 위한 목적으로 1981년에 필라델피아 건축재단 (디렉터 : 로레인 코프랜드 외) 이 개발한 종합학습을 위한 교육방법론입니다.

AIE 과정은 유치원생부터 고등학생까지 각 학년의 수준에 맞게 내용이 분류되어 교육현장의 선생님이 사용하기 쉽게 구성되어 있습니다. 한편 봉사건축가, 대학생, 교사가 팀을 이루어 8주간의 과정으로 진행되는데 필라델피아 지역의 공립학교 등에서 매년 약 5000명의 어린이들이 이 과정을 밟고 있습니다.

이 학습을 통해 아이들은 다양한 교과의 과정과 기술을 마스터하는 한편, 인공환경에 대한 이해가 깊어지게 됩니다.

또한 아이들은 개별적으로 학습할 때와 다른 사람과 협력해서 학습함 때도 책임 있는 디자인과 계획, 그리고 결정을 해야 된다는 것을 배우게 되었습니다. 아울러 주변에 존재하고 있는 인공환경을 다룸으로써 아이들이 독자적으로 통찰하고, 경험하고, 상상하고, 창조할 수 있다는 것을 학습을 통해 알 수 있게 되었습니다.

출처 : 「'93 건축과 어린이들 국제회의 in 뉴멕시코 프로그램」

4 핀란드에서는

◆ 슬라이드 은행

슬라이드 은행은 1990년부터 6년 계획으로 핀란드 환경부가 진행하는 환경교육 사업입니다.

핀란드 환경부는 1982년부터 인공환경의 적절한 개발, 보전, 관리를 위해 지역 건축가가 주민, 지방행정기관, 환경부를 교육분야 등에서 지원하는 것을 목표로 한 프로젝트 「지역건축가 활동」을 시작했습니다.

슬라이드 은행은 그 일환으로 이루어지고 있습니다. 진행에 있어서는 자원봉사로 협력해줄 건축가가 등록되어 지역 학교에 파견됩니다. 파견된 건축가는 교사와 협력하여 각 학교에 맞는 학습지도안을 만듭니다.

아이들은 자기 지역 환경에 대해 배우고, 생각한 결과를 12장의 슬라이드로 정리합니다. 이렇게 핀란드 국내 각지의 20개 학교에서 슬라이드가 완성되어, 다음 단계로 각각의 지역을 이해하는 것을 목표로 슬라이드의 교환이 이루어집니다. 교환은 코디네이터인 리나 헤이나넨 (Leena Heinanen)씨에게 슬라이드 복사본 대출을 할 수 있는데 일종의 은행과 같은 형태를 취하고 있습니다.

슬라이드 작성과 교환에 드는 비용은 환경부와 농림부가 부담하고 건축가의 학교에서의 활동은 교육부에서 허가하는 등, 학교와 건축가가 참여하는데 적합한 환경을 갖추고 있다고 합니다. 현재 이 사업은 스웨덴과 영국 등 다른 EC국가에도 확대되고 있습니다.

II.

마을은 즐겁다, 참여할 수 있다면 더 즐겁다

II-1. 왜 아이들과 마을만들기를 하는지?

◆ 아이들과 지역사회 그리고 마을과의 관계회복을

아이들은 지금 폐쇄적인 상황에 처해있는 것은 아닐까요? 따돌림에 의한 자살이 다발하고 있습니다. 아이들은 주위사람들에게 고민을 털어놓지 못하고 전화상담 등에 의지하고 있습니다. 이런 상황이 되어버린 것은 아이들을 둘러싼 환경이 변화했기 때문이라 생각됩니다.

도시형사회로 변화하는 가운데, 가정과 지역사회의 관계가 희박해져, 어른들이 지역사회(커뮤니티)와 주변 마을환경에 무관심해졌습니다.

이러한 영향으로 마을 안에서 다양한 연령의 아이들이 어울려 노는 일이 줄어들었습니다. 그리고 아저씨, 아줌마나 나이 드신 분들과 대화 할 기회도 줄었습니다. 길에서 노는 일이 줄어들면서 생물들과의 만남이나 숲이나 강 등에서 노는 방법을 잊어버리게 된 것입니다.

한편 아이들의 세계는 학교안의 가까운 친구와 가족만으로 좁혀졌습니다. 이 사람들에게 거절당하면 절망적인 고독의 상태가 될 것입니다.

이런 현대사회의 깊은 고민을 해결하는 것은 쉬운 일이 아닙니다. 학교와 가정, 그리고 지역사회가 때로는 함께 다양한 모임을 갖는 것이 하나의 방법이 아닐까요?

모임의 테마로는 [마을]이나 [마을만들기]로 하는 것이 다음과 같은 임팩트를 주고 사회적인 효과를 거둘 수 있다고 생각합니다.

◆ 마을과 어울리게 되면 사람과 또 무엇인가를 만날 수 있고 참여하는 즐거움이 있다

현대사회에서 어른들은 왜 '마을'에 무관심할까? 마을적인 사회에 비해 지역사회의 존재가 약화되면서 마을을 만드는 것은 기업이나 행정 혹은 이웃과 상관없이 각자 알아서 만드는 것이고, 무언가 말해본 들 아무런 소용이 없을 거라는 무력감이 지배하고 있기 때문이라고 생각합니다.

그러나 마을에 관여하고 있는 사람들은 대화를 할 수 있는 사람들입니다. 그러니까 '이렇게 바뀌면 좋겠다' 라는 방향으로 바뀌어 가는 것도 사람들과의 대화에서부터 출발됩니다.

그리고 마을과 어울리는 것은 사람들을 만나고, 활동을 만나게 되는 즐거움이 있습니다. 또한 참가해서 스스로를 받아들일 수 있게 되면 즐거움과 기쁨을 얻게 됩니다. 게다가 어떠한 일에 관여해 자기가 바라는 방향으로 조금씩 변해간다면 더 참여하고 싶어지는 마음이 눈덩이처럼 점점 불어나는 매력이 있습니다.

◆ 마을과의 관계가 어린이들의 자신감이 된다

이 마을에 관한 매력은 아이들에게도 마찬가지입니다. 어른들에 비해 더욱 마을과 환경은 아이들 손에 미치지 않는 것이라고 생각합니다. 그렇지만 마을만들기 게임에서 또는 마을만들기에 대한 제안이 실현됨으로 인해서 아이들도 자기 손에 미친다는 것을 확실히 깨닫고 그것이 「나도 할 수 있다」는 자신감으로 연결 되는 것입니다.

◆ 마을만들기 쪽에서도 적극적인 접근이 필요

한편 마을만들기에 관여한 어른들이나 관공서 사람들은 좀 더 아이들에게 적극적인 조언을 해주는 것이 중요합니다. 가끔 아이들과 함께 워크숍을 진행하다보면 '이건 축제니까, 이벤트니까' 라는 소리가 들립니다. 그렇지만 중요한 점을 몇 가지 놓치지 않았는지요?

한 가지는 아이들이 가지고 있는 지역의 정보입니다. 어른들보다 훨씬 지역에 밀착해서 생활하고, 지역의 달인이라고 불리는 아이들과 함께 마을만들기에 대해 생각해 보는 것이 중요합니다.

두 번째는 아이들의 관점 그리고 발상입니다. 어른보다 작은 몸으로 보는 마을은 어떨까? 그리고 살아 있는 것과 같이 놀면서도 TV게임이나 컴퓨터를 병행하고 있는 유연한 머리를 가진 아이들이 생각하는 마을의 재미는 무엇일까? 한편 아이들의 솔직한 의견에 의해서 굳어버린 어른들의 사회가 해결될 수도 있지 않을까요?

세 번째는 마을과 마을만들기에 대한 관심과 흥미가 있는 사람들을 늘리는 것에 연관된 것입니다. 지역사람들이 주체가 되어 지역을 독자적인 마을로 만들어가기 위해서는 「마을을 만드는 사람」의 존재가 매우 중요합니다. 마을에 관련된 일은 재미있고 즐겁다, 라고 할 수 있는 체험이 「마을을 만드는 사람」을 늘어나게 한다고 생각합니다.

그러나 현재는 학교에서 「마을만들기 교육」을 시행하고 있지 않습니다. 어린이들이 일상적인 학습현장에서 마을만들기에 관한 이해를 돕고 창조력을 키워나가는 것이 어린이들에게 있어서 정말로 중요한 일이라고 생각됩니다.

◆ 사람과 사람 관계에서의 즐거운 체험의 장이 되기 위하여

현재 마을에 대한 소외감은 어른도 아이들도 마찬가지라고 말하고 있습니다. 그런 의미에서 우선, 어른들이 마을에 관심을 갖고 무엇인가 활동을 시작하는 것이 아이들에게 새로운 세계를 열어주는 것과 연결되어진다고 생각합니다. 언필칭(言必稱) 마을과 마을만들기를 테마로 하는 모임에서 잊어서는 아니 되는 것이 사람과 사람 관계에서의 즐거운 체험의 장이 되도록 하는 것이 무엇보다도 중요하고, 그것이 사람과 환경의 관계로도 이어지는 것입니다.

어린이들의 마을만들기로의 참가 사다리 모델

로저 하트는 어린이들의 참가에 대해 그림과 같이 레벨의 차이를 8단계로 설정했습니다. 국내에서 어린이들의 참가를 실시한 사례의 대부분은 아직 이 레벨의 초기단계에 해당되는 것입니다. 우리나라 사회의 역사적 배경으로 봐도 어린이와 어른 사이에는 선을 긋는 뿌리 깊은 제도가 남아 있어서 대등한 입장에서 환경형성의 의사결정에 관여하는 것은 어려운 일입니다. 하지만 우리나라에서 막 발효된 어린이의 권리조약에도 의견표명권의 규정이 있고, 환경문제가 복잡화하고 있는 바, 그 해결은 각자의 자각과 행동에 맡겨진 요즘, 환경형성의 현장에 어린이가 참가할 수 있도록 보장해 가는 일은 시대의 주세이기도 합니다.

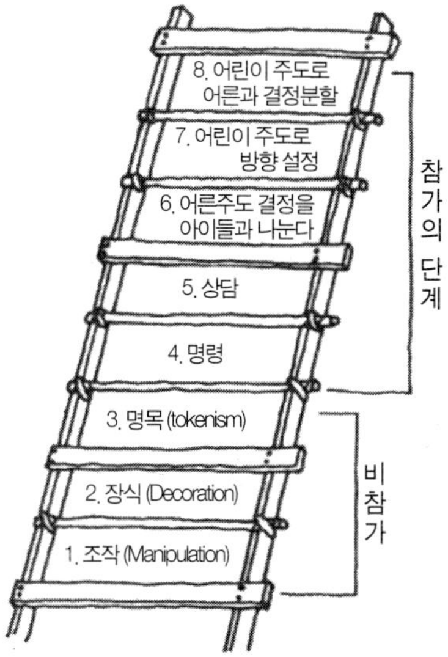

사다리 설명문

(출처 : Roger A. Hart, 1992.
단, 사다리의 은유(metaphor)는 Sherry Arnstein (1969) : "Eight rungs on the ladder of citizen' s participation" , Journal of The American Institute of Planners에 의함.)
(키노시타 이사무 : 그림 수정 및 번역)

「이이다시 사과나무가로수 정비를 위한 중학생 참여로 보는 참가와 교육에 관한 고찰」 키노시타 이사무 (도시계획 191호 1994년)

II-2. 마을과 마을만들기의 매력을 발견하기 위해서는

◆ 얼마나 지혜롭게 만남과 대화의 장을 만들 수 있을까?

아이와 함께 마을과 마을만들기를 즐기고 아이에게 그 매력을 전하는 활동은 구체적으로는 다양한 프로그램을 생각해보고 실험해보는 것인데 그 프로그램을 만들 때의 생각이 중요합니다.

그 방법은 프로그램을 통해서 지역의 힘과 지역의 교육의 힘을 회복해가는 것입니다. 그리고 지역력과 지역의 교육력의 회복은 사실 얼마나 교묘하게 사람과 사람과의 만남을 만들어 가느냐, 대화를 만들어 가느냐는 것입니다.

사람과 사람과의 만남에서 감동이 오고 그 감동이 지역을 움직이며 마을을 바꾸는 원동력이 되는 것입니다. 인간으로의 관심이 지역사회와 마을을 만들어가고 있다고 해도 과언이 아닙니다. 그리고 만남과 대화의 장을 만드는 방법으로 여기에서는 워크숍이라는 대화의 방법을 추천합니다.

◆ 대등한 입장에서 대화와 작업을 통한 발견과 감동을

워크숍은 참가자가 어떤 사항에 대해 서로의 생각과 입장을 배우면서 아이디어를 내거나 의견을 정리하는 방법입니다.

워크숍에서는 주로 몇 명의 그룹으로 나눠서 같은 체험을 해보고 대화하거나 공동으로 작업을 진행하면서 의견을 정리해 나가는데, 그때 예를 들어 어른과 아이가 같은 그룹이 된 경우 아이들이 능숙하게 이야기를 전개해가고 모형 만들기 등을 진행해 나가는 경우가 있습니다. 또 주도권을 가지게 되는 사람이 계속해서 바뀌는 것을 볼 수 있습니다.

이처럼 워크숍을 통해서 일상생활 속에서 입장을 바꿔보거나, 역할의 변환이 이루어짐에 따라 발견과 감동이 생깁니다. 이런 감동을 얻기 위해서는 참가자가 「대등한 관계」가 되는 프로그램이 중요합니다. 사회에서 어른과 아이는 반드시 대등한 관계라고는 할 수 없습니다. 그것을 억지로 연상시켜 아이와 어른을 차별 · 구별하는 프로그램에서는 실행하는 의미가 없다고 생각합니다.

◆ 자발적인 목소리를 이끌어내는 프로그램

또 하나 중요한 것은 누군가의 의견이나 어디에서 들은 것이 아닌 자신의 내면으로부터 나온 생각을 자연스럽게 말할 수 있는 분위기, 장소, 관계, 상황을 만드는 것입니다.

물론 지금까지의 경험담과 다른 곳에서 얻은 색다른 정보를 교환하는 것을, 생각의 재료로 적극적으로 프로그램에 도입해도 좋다고 생각합니다.

이런 재료를 바탕으로 스스로 생각하고 구상 할 수 있는 방법을 프로그램에 넣는 것이 중요합니다. 예를 들어 헨리 사노프의 마을 만들기 게임 중에 「희망의 시(wish poem)」라는 프로그램이 있습니다. 이것은 영어로 「I wish~ 」뒤에 자신의 생각을 연결하는 방식입니다.

다시 말해서 「내가 바라는 것은 ~이(가) 가능한 공원입니다」「저는 이 마을이 ~처럼 되기를 바랍니다」 와 같은 문장의 틀이 주어집니다. 이에 따라 참가자가 이미지를 창조하거나 본인도 생각지 못한 자신의 내면의 목소리를 들을 수 있는 단서가 만들어지는 것입니다.

◆ 너무 재미있고 창의구상이 넘치는 프로그램 만들기

이와 같이 참가자들의 자발적인 의견을 끌어 낼 프로그램을 만들기 위해서는 프로그램 자체를 여러 가지로 궁리 할 필요가 있습니다. 이 책에 다양한 프로그램을 소개하고 있는데 이것을 머리를 자극하는 소재로 사용하여 더욱 재미있는 프로그램으로 만들어 보세요. 사고정지형(思考停止型) 프로그램에서는 발전이나 감동이 나오지 않습니다.

「재미있되~ 딱딱하지 않고 노는 것처럼~」말입니다. 그런데 예를 들어 세계적인 레벨의 100M 달리기에서, 예전에는 이를 악물고 뛰게 했는데 지금은 골 직전에 얼마나 릴렉스 시켜서 갖고 있는 힘을 100% 발휘할까를 추구하는 방향으로 발상을 완전히 바꾸었습니다. 사람들과 모여 이야기 할 때도 긴장을 풀고 아이디어를 내거나 사람들과 좋은 관계를 맺을 수 있게, 어떻게 하면 재미있는 프로그램으로 만들 수 있을까하는 발상의 전환이 필요한 건 아닐까요?

특히 아이들과 함께할 때 흥미가 계속되도록 지혜롭게 즐거운 프로그램을 만드는 일은 무척 중요하다고 생각합니다. 자기내면의 목소리를 듣는 것, 궁리하고 창조하는 것은 매우 즐거운 일입니다. 마을과 마을만들기를 소재로 프로그램을 만드는 어른들도, 참가하는 어린이들도, 새롭게 감격하고 감동하는 체험을 맛 볼 수 있다면 좋겠습니다. TV게임보다 즐거운 마을놀이를!

◆ 현장에서의 드라마를 기대한다

아무리 깊이 생각한 프로그램이라도 아이들에게 강요하는 것이 아니라 현장에서 아이들의 애드리브나 창의력을 살리면서 유연하게 추진해 나가는 것이 중요합니다. 아이들은 프로그램 안에서 때로는 동물이 되어보거나, 건축가가 되거나, 시장이 되어보는데 이

것들을 생기 있게 연기합니다. 이런 상황에서 처음에 만든 프로그램이 잘못 되어도 그 상황을 즐기려는 마음의 여유가 어른들에게 있다면 뜻밖의 생각하지 못한 감동적인 드라마가 탄생할 것이라 생각합니다.

또한 아이들의 성과를 어른들의 기존관념으로 평가하는 것에서 벗어나는 것도 중요합니다.

지금까지의 마을만들기는 기존의 틀 속에서 진행된 면이 있었습니다. 따라서 시민의 마을만들기 활동은 '기존의 틀을 바꾸자' 라는 것부터 출발하여 새로운 가치관을 탄생시켜야 합니다. 마찬가지로 어른의 가치관으로 아이들을 평가하는 것은 모처럼의 새로운 시도를 헛되게 하는 것입니다. 성과보다는 과정을 중요하게 여기는 것이 요구되고 있습니다.

◆ 일과성의 이벤트로 끝내지 말고 기록집 등을 만들어 다음으로 연결한다

이러한 체험의 고리를 더 넓혀가려면 일과성의 이벤트로 끝내지 않고 다음번으로 이어가는 것이 중요합니다. 연결하는 방법으로는 활동의 성과를 정리하여 기록집을 만들거나 여러 곳에 전시 해보는 것을 생각할 수 있습니다.

특히 기록집을 만들어보는 것은 중요합니다. 자신들의 활동을 직접 설명해도 잘 전달되지 않거나 반대로 설명을 들어도 잘 알아들을 수 없었던 경험이 있을 것입니다. 사진 등으로 생생한 그 현장의 분위기를 알리는 기록집을 꼭 만들어 보세요.

◆ 네트워크를 넓히자

활동을 넓히기 위해서는 친한 동료들뿐만 아니라 수고와 시간이 걸려도 조금씩 여러 사람을 끌어들이는 것이 중요하다고 생각합니다.

예를 들어 마을만들기 관계자가 활동을 시작할 때 학교 선생님께 상담을 드리거나, 지역의 보육 어머니회와 아동회관에도 말을 걸어 보고, '어린이' 와 함께 함으로써 평소에 관계가 적었던 사람들에게 쉽게 다가갈 수 있게 되는 것이 아닐까요?

말을 걸어 보는 것만으로도 새로운 사람과의 만남이 있고 이것이 아이들에게나 어른들에게 즐거움으로 이어지는 것이 아닐까 생각합니다. 또한 이렇게 함으로써 지역에 뿌리내리는 마을만들기 학습, 마을만들기 교육으로 발전해 나아가는 것을 기대할 수 있습니다.

III. 자료편

III-1. 이제 워크숍을 진행해보자!

III-2. 「어린이를 위한 도시재생과 마을만들기」에 관련된 책, 기사, 논문 리스트

III-3. 연락처

III-1. 이제 워크숍을 진행해보자!

1. "워크숍을 해보고 싶다"라고 생각한다면 - 사전준비 편

◆ 무엇부터 시작해야할까?

실제로 워크숍을 진행하기 위해서는 실로 다양한 준비가 필요합니다. 그렇다고 무언가 특별한 재료를 준비하거나 훌륭한 회장을 마련하는 것이 아닙니다. 이 경우의 준비란 오히려 친밀한 것 중에서 평소에는 발견하지 못했던 여러 가지 매력을 끌어내기 위한 준비입니다. 그러므로 우선 나는 왜 워크숍을 열려고 하는가, 많은 아이들과 함께 어떤 식의 '평소와는 조금 다른' 경험과 체험을 하고 어떤 것을 알아보기 위해서, 어떤 감각을 맛보기위해서 인지를 기획자인 당신 스스로가 참가자가 되어 생각해봅시다. '이런 것들을 모두가 체험해 볼 수 있다면 좋겠다' 라고 생각한다면 그것이 당신의 워크숍의 시작이며 목표가 될 것입니다.

실제 워크숍의 현장에서 필요한 것은 크게 3가지입니다. 첫 번째는 사람, 두 번째는 당일 프로그램, 마지막은 그 프로그램을 진행하기 위한 도구와 재료, 그리고 장소입니다. 지금부터 이 3가지에 대해서 생각해 봅시다.

◆ '사람'

사람이 필요할 경우는 주로 워크숍의 기획단계와 실제로 개최하는 단계에서입니다!

(1) 기획 · 운영진

워크숍을 순조롭게 진행하려면 기획 · 운영진을 어떤 인재들로 모을 것인지가 중요합니다.

경험자가 있는 것이 가장 좋지만, 처음 시작하는 사람들만이라도 걱정할 건 없습니다. 중요한 것은 아이들의 마음을 잘 알아줄 수 있는 인재가 모였느냐는 것입니다. 그 지역의 다양한 사람들 : 아주머니, 나이 드신 분, 상점사람, 특기를 가진 사람 등 상관없이 참여시킬 수 있는지 고안해봅니다. 취지에 동의하는 사람들을 넓게 동원하여 각자가 자신의 특기분야를 분담한다면 서로의 부족한 점을 보완할 수 있습니다. 그리고 당일 현장에서는 담당자들도 '참가자' 의 한사람으로 원활한 진행에 유의하면서 충분히 즐겨주시기 바랍니다.

(2) 어느 정도 나이의 어떤 어린이들을 대상으로 할 것인가?

당신들의 워크숍이 누구를 대상으로 시작된 것인지는 매우 중요한 점입니다. 연령층, 나이 폭은 그 워크숍의 목적에 따라 자유롭게 설정해 주세요. 그로 인해 향후 프로그램의 구조와 당일 진행방식이 바뀝니다.

(3) 언제, 어떻게 참가자를 모집할 것인가?

기획의 어느 단계에서 참가자를 모집할 것인지는 매우 어려운 문제입니다만 기본적으로 워크숍의 컨셉이 잡힌 시점에서 모집할 수 있습니다. 이때 대략적인 프로그램이 짜여 있다면 더욱 좋습니다. 하지만 이 단계에서는 프로그램이 구체적으로 완성되어 있을 필요는 없습니다.

◆ 「프로그램」

프로그램의 일반적인 방법에 대해 알아봅니다.

(1) 필요한 메뉴를 나열해 봅니다

우선 프로그램 전체를 어떤 구성으로 할 것인지 대략적으로 정할 필요가 있습니다. 큰 흐름으로는 다음과 같은 형태가 일반적입니다.

① 도입부분 (편하게 긴장을 풀거나, 참가자들이 만남을 합니다)

② 본편 (워크숍의 목표에 다가가기 위하여 다양한 체험을 하거나 토의를 벌입니다)

③ 정리 · 발표

워크숍의 목표를 한쪽에 생각해두고 먼저 떠오르는 대로 당신의 아이디어(재료, 동기, 다양한 방법 등)를 써내려 갑니다.

(2) '메인테마'를 정합니다

쓴 것 중에서 참가자의 연령층이나 멤버, 장소(정해졌다면) 등을 고려하면서 프로그램의 중심이 되는 아이디어를 정합니다. 아이들의 발상을 나타내는 심플하고 이미지화하기 쉬운 것, 꼭 해보고 싶은 것, 계획에 따른 다양한 체험 등을 한 가지 또는 몇 가지를 정해봅니다. 이렇게 선택한 것을 중심으로 그 전단(前段), 준비와 연출,

돌탑식 Step up!

사례 2-⑧

「도시의 집짓기 놀이」의 경우

인상적이며 성취감 있는 마무리 방법 등을 생각하여 상세하게 채워서 하나의 흐름으로 만들어 봅니다.

(3) '코스'를 만들어 봅니다

만드는 방법은 그야말로 기획자의 개성과 참가자의 특성에 따라 천차만별입니다. 중요한 것은 각 부분이 조금씩 스텝 업(Step Up)하면서 전체가 확실히 하나의 흐름으로 이어지고 있는 것, 그것이 참가자인 어린이들에게 보이고 이해하기 쉬운 것입니다. 또 프로그램 전체를 편하고 재미있게 연출해 봅시다. 이것은 워크숍이 참가자를 끌어들이기 위한 아주 중요한 요소입니다.

(4) '시식' 해봅니다... 그리고 수정

시간배분을 할 때에는 사전에 시뮬레이션을 합니다. 당신이 워크숍을 기획하는 것이 처음이라면 이건 꼭 필요한 과정입니다. 한번 의사체험(疑似體驗)하여 실제 걸리는 시간을 실감할 수 있다면 다음은 그것을 참고로 필요한 시간을 나눌 수 있고, 동시에 프로그램의 개선점도 발견 할 수 있습니다. 워크숍의 경험치가 높아지면 포인트만을 간단하게 시뮬레이션 해 보는 것만으로도 전체적인 시간배분이 가능합니다.

여기서 잊어서는 안 될 한 가지, 워크숍은 살아있다는 것입니다. 당일 현장에서는 반드시 프로그램의 계획대로만 흘러간다고 장담할 수 없습니다. 참가자들의 만족도를 관찰하면서 그때그때 상황에 맞게 임기응변 할 각오로 임해주시기 바랍니다.

◆「도구 · 재료 · 장소」

워크숍마다 도구나 장소가 다양합니다. 기본적인 포인트를 들어 보겠습니다.

(1) 도구 · 재료

● 어린이들이 비교적 안전하게 사용할 수 있는 물건을 사용하자

이것은 '절대로 안전하게 사용하기 쉬운 도구나 재료'의 의미가 아닙니다. 물론 안전한 것보다 중요한 건 없지만 너무 안전에 집착하면 워크숍의 자유로움을 위축시켜버리는 결과가 될 수도 있습니다. 아이들은 어른들이 생각하는 것 이상으로 훨씬 재주

★ 사용상의 기본적인 주의점은 자세히 설명합니다.

가 뛰어나고 그들 스스로 잘 대처할 수 있는 노하우를 갖고 있습니다. 다만, 위험도가 높은 것에 대해서는 사용 전에 아이들에게 충분한 설명을 하고, 사용법을 잘 알고 있는 어른이 근처에 있을 필요가 있습니다. 톱이나 커터칼 등 칼날종류는 안전한 어린이용이 시판되어있기도 합니다. 공구를 이용하거나 교통이 복잡한 도시에 나갈 때에는 미리 운영자측에서 참가자 전원이 보험에 가입할 수 있는 준비를 해 놓는 등의 방법도 있습니다. 한편, 구급상자는 충분한 양을 구비해 둡니다.

● 폐품? 잡동사니? 문제 없어요!

재료는 새로 구입할 물건과 폐품 · 잡동사니와 같이 재활용 할 수 있는 것으로 크게 두 가지입니다. 병용해도 상관없지만 워크숍의 목적에 따라 역사나 독특한 재미를 가진 폐품 등이 재료로 쓰이는 경우가 많습니다. 또한 주변의 이웃이나 참가자 스스로가 준비할 수 있어서 비용절약에도 도움이 됩니다. 무조건 '깨끗하고 새로운 것' 을 찾지 말고 먼저 주위를 살펴 쓸 만한 물건을 수집해 봅시다.

● 지참해 올 것

참가자가 회장에 지참하는 도구에는 반드시 이름을 써주시기 바랍니다. 또한 프로그램에 따라 더러워져도 괜찮은 옷으로 와야 합니다.

● 에너지 부족은 만만치 않다!

어린이들은 신진대사가 활발하여 에너지 비축이 안 됩니다. 집중력을 지속하기 위해서라도 소요시간 등을 고려하여 음료나 간식 등을 준비해 둡니다. 참가자 각자가 김밥 등을 지참하는 방법도 생각해봅시다.

장소 찾기

어느 단계에서 장소를 정할까? 상황에 따라 다양하지만 진행하려는 워크숍이 실내인지, 실외인지 정도는 신속히 정합시다. 프로그램을 설정함과 동시에 정보를 수집하고 장소를 점찍어 둡니다. 프로그램의 개요가 보이기 시작하면 필요한 크기 및 기타 조건도 저절로 정해져 갈 것입니다. 기본적으로 가능한 한 주변에 개방적인 공간을 찾습니다. 주민회관 등의 공공적인 장소는 빠르게 협상을 시작하지 않으면 확보하지 못하게 되는 경우도 있습니다. 어쨌든 실제로 부딪혀봅니다. 아울러 아는 사람이 있다면 최대한 활용합시다.

★ 천장이 높다

★ 창문이 크다

★ 밖에서 워크숍의 모습이 보인다

★ 바깥과 접근하기 쉽다

회장 내의 준비작업

회장을 사용할 때의 규약 등도 미리 체크해 둡니다. 공구나 물감을 사용할 경우에는 시트 등을 준비해놓고, 신발을 벗는지의 여부도 확인해 봅니다. 뒤처리를 생각해 더러워질 것 같은 장소(물 주변, 화장실, 벽이나 복도 등)에는 미리 시트나 폐지를 붙여 커버해 두는 방법도 있습니다. 기본적으로 작업할 공간뿐 아니라 그 주변도 자유롭게 활용할 수 있도록 준비해 놓는다면 좋겠지요. 잠시 휴식을 취하거나 프로그램의 중간에 산책이나 탐험의 시간을 갖는 것도 의외로 큰 힘이 될 수 있습니다.

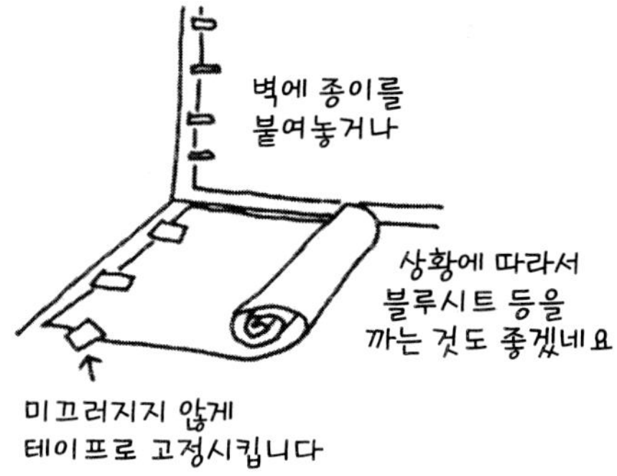

2. '워크숍, 드디어 본방!' – 당일 편

◆ 워크숍을 순조롭게 추진하기 위한 요령

(1) 시작부터 본론은 안돼! 우선 릴렉스 타임을 마련해 봅시다

처음에는 많은 참가자들이 긴장하고 있고, 앞으로 할 일에 대해 기대를 품고 있는 반면 불안함도 가지고 있을 것입니다. 자연스럽게 입이 열리고 손이나 몸이 움직일 만한 프로그램을 생각해둘 필요가 있습니다.

예를 들어 자기소개를 할 때 내가 아닌 타인을 소개해보는 것, 이것이 대화의 계기가 됩니다. 옆 사람과 짝이 되어 서로의 얼굴을 그려보거나 질문과 이야기를 나눠보고, 그 사람에 대해 모두에게 소개를 하는 것도 효과적인 방법입니다.

회장의 분위기 또한 중요합니다. 창문이 많고 천장이 높은 개방적인 느낌이 드는 회장을 찾아봅시다.

(2) 한 팀의 인원은 4~5명이 최적! 7~8명이 정원한도입니다

한 사람이 한 번에 시야에 넣을 수 있는 인원은 3~4명 정도라고 합니다. 이것은 의견이나 개성, 창조성의 켓치볼을 성립시키는 것과 깊이 연관되어 있습니다. 워크숍의 내용에 따라 다릅니다만, 상대가 어린이 일 경우에는 대개 어른일 때 이상으로 많은 배려가 필요하게 되고, 한 팀의 인원이 8명이 넘으면 옆 사람과 수다를 떨게 되거나 팀에서의 작업을 진행 하는 데에 어려움이 많습니다. 그리고 각 팀에 진행자 외의 보조스탭이 1~2명이 옆에서 참가하기 쉬운 환경을 만들어 주시기 바랍니다.

(3) 참가자가 평등하게 활동할 수 있도록 궁리해 봅시다

당일에는 다양한 개성을 가진 사람들이 한자리에 모이게 됩니다. 자기주장이 강한 아이도 어른스러운 아이도 모두가 대등하게 협력할 수 있는 분위기를 만드는 것이 중요합니다. 기본적으로는 팀의 아이들 각각의 이야기에 평등하게 귀 기울이는 것 (워크숍을 진행하면서 알아서 척척 잘하는 아이, 약간의 도움이 필요한 아이 등 제각기의 모습들이 보입니다), 그들의 중재역할을 맡는 일 (아이들이 서로 친해지면 자기들끼리 조절할 수 있게 됩니다), 그리고 무엇보다 그들의 자주성에 친밀감을 표하고 크게 격려해주는 등 배려와 평정심이 필요합니다. 구체적인 방법의 하나로 손이나 몸을 사용한 창조활동을 도입하는 것이 가능합니다. 그림을 그리거나 거리를 걷는 등의 행위는 직접 구두로 의견을 말하기 어렵거나 문장화하기 어려운 아이들에게 자신의 감각이나 뜻을 표현하기 쉽게 하기 위함입니다.

(4) 프로그램은 임기응변으로, 진행은 침착하게 합니다

워크숍에서는 미리 생각해 둔 프로그램대로 진행되지 않는 경우가 종종 있습니다. 미리 회의에서 이것만은 꼭 해두자 라는 것을 정해놓고, 그 외에는 오히려 팀의 개성을 살릴 수 있는 진행이 되도록 하는 것이 중요합니다. 특히 참가자로부터의 요구를 잘 듣고, 그것이 워크숍의 목적에 있어 플러스 요인이 된다면 지체 없이 도입해 봅니다.

또한, 진행 시간을 의식해 참가자를 재촉하거나 한다면, 프로그램에 즐겁게 임하는 분위기가 생기지 않습니다. 진행은 어떠한 상황에서도 침착하게 하고, 중요도가 낮은 작업은 생략하는 등의 방법을 채택합니다.

...차분히 대화를 교환할 수 있도록
인원에 맞추어 준비합시다...

무엇이든 즐기는 마음으로 침착하게 대처하자

(5) 예상 소요시간은 3시간 내외! 시작시간과 종료시간은 지킵시다!

만약 워크숍을 연속해서 하고 싶다면, 시작 및 종료 시간을 잘 지키도록 합니다. 아이도 어른도 다양한 사정이 있더라도 시간을 내어 모입니다. 시간엄수는 최소한의 예절이며 중요한 것입니다. 특히 다수가 모이는 경우에는 시작시간이 늦어지기 십상입니다만, 시작시간과 종료시간이 연장되지 않도록 조심합니다. 또 워크숍의 1회 작업시간은 3시간 정도가 적당합니다. 그 이상이 되면 참가자들이 피로해 집니다. 도중에 휴식을 한두 번 갖는 것은 기분전환에도 도움이 되고 다른 팀의 의견을 듣거나 멤버와의 교류를 촉진하는 계기가 되기도 합니다.

(6) 워크숍 참가자의 소감을 들어봅니다

일반적인 방법으로 앙케이트를 준비해 놓으면 좋습니다. 참가자의 솔직한 감상은 다음 워크숍 운영에 귀중한 참고자료가 됩니다.

3. 워크숍을 마치고 - 사후 편

◆ 깔끔히 정리해서 결과를 남기자

(1) 당일 성과물은 2주내로 참가자에게 보내줍니다

워크숍에서 나온 의견들을 정리하고 스냅사진 등은 보기 쉬운 형태로 정리해서 참가자들에게 신속하게 보내주는 것이 중요합니다. 참가자들은 그날의 내용을 재확인 · 재인식할 수 있고, 그것이 다음 워크숍의 참여의욕으로 이어집니다. 아울러 의견이나 소감을 폭넓게 들어볼 수 있는 방법을 구상해보는 것도 가치가 있겠지요.

(2) 비디오와 사진 등의 비주얼 메모리는 즉시 정리해 둡니다

문자나 말로 전달하기 어려운 워크숍의 분위기는 비디오나 사진을 편집해서 기록해 둡니다. 이 작업은 시간이 지나면 잘 진행되지 않게 되므로 바로 하는 것이 좋습니다. 가능하면 마을회관이나 도서관 등의 지역문화시설에 전시하여 당일 참가하지 못한 사람들에게도 관람할 수 있도록 한다면 제일 좋겠지요.

(3) 스탭들의 반성회의는 당일이나 늦어도 그 다음날에는 진행합니다

워크숍을 보다 잘 이끌어나가기 위해서 이 반성회의는 매우 중요합니다. 어쩔 수 없이 참석하지 못하는 스탭에게도 쪽지나 부전(附箋:포스트잇)으로라도 의견을 받아볼 수 있도록 합니다. 반성회의에서 참가자들의 의견이나 소감도 활용할 수 있도록 하여야 합니다.

(4) 참가자 중에서 스탭 희망자를 적극적으로 모집합시다

워크숍이 추구하는 목적은 참가자가 프로그램의 기획과 운영을 할 수 있도록 힘을 북돋아 주는 것이기도 합니다. 기획과 운영에 참여하고 싶다고 생각하는 참가자(어른이든 아이든)가 있다면 누구든지 들어올 수 있습니다. 그것이 기획에 새로운 발상을 가져다 줄 것입니다. 항상 문호가 열려있는 단체를!

III-2. 「어린이를 위한 도시재생과 마을만들기」에 관련된 책, 기사, 논문 리스트

◆ 단행본

문서명	지은이	발행처	발행년월
이런 집에 살고 싶다 -그림책으로 본 주택과 도시	延藤 安弘	晶文社	8312
종이접기 건축	茶谷 正洋	彰国社	83
함께 마을을 만들다 -도시계획 가이드북	中村静夫 역	集文社	8410
3 세대 놀이터도감 -마을은 우리들의 놀이터다!	어린이놀이와 거리연구회 편	子供の遊びと街研究会	8411
탐험 놀이터가 왔다! -하네기 플레이파크의 기록	羽根木 플레이파크회 편	晶文社	8704
네이처 게임1 -SHARING NATURE WITH CHILDREN	조셉.B.코넬 지음 / 일본 레크레이션협회 감수 / 일본 네추럴리스트협회 번역	柏書房	8608
네이처 게임2 -SHARING THE JOY OF NATURE	조셉.B.코넬 지음 / 요시다 마사토, 츠치요시코 번역	柏書房	9104
네이처 게임3 -자연의 소리를 듣는다	조셉.B.코넬 지음 / 요시다 마사코해설, 카네자카 루미코 번역	柏書房	9207
마을만들기 독본 -이런 마을에 살고 싶다	延藤 安弘	晶文社	9005
아이와 주거 -생활문화로의 도시환경	小川信子 편	勁草書房	9109
마을만들기 게임 -환경디자인 · 워크숍	헨리 사노프 저 / 小野啓子 역, 林泰義 해설	晶文社	9305
참가디자인 도구상자	浅海義治 / 伊藤雅春 / 狩野三枝	世田谷 마을만들기 센터	9308
우리 마을만들기 작전	마이켈 노튼 지음 / 그룹99 번역	都市文化社	9311
마을을 즐기다 -마을,이미지,놀이마음	놀이, 연극, 표현활동연구소 '아후타후,바반' 편	晩成書房	9312

문서명	지은이	발행처	발행년월
어이! 텐파쿠 공원 -사람과 자연의 공생도시공간	텐파쿠 공원을 만드는 모임 편저	愛知書房	9404
스기마루가 왔다 -스기나미구 마을만들기 추진과의 도전	木村邦男	ジャパンマシニスト社	9405
아이의 소리가 명쾌한 마을 -세계의 놀이터 가이드	大村アキコ	ぎょうせい	9406
어린이의 창조력을 기르는 세계의 86관 -두근두근 뮤지엄	大月浩子	婦人生活社	9408
마을에 자연을 만든다 -영국식 환경보전 활동실천 지침	자연교육연구센터 역 · 해설	中央法規出版	9501
장밋빛 안경으로 본 2001년 -수제 이타바시 백서	이타바시 백서 작성위원회, 이타바시생활과 자치연구소	自治体研究社	9502
우리 마을 발견! -그림책 만들기에서 마을만들기로	世田谷 마을만들기 센터 편	晶文社	9505
마을의 수수께끼 풀이 책	이시우치 아이와 지역을 생각하는 모임 편	農山漁村文化協会	9509
키즈 플레이즈 -살기 좋은 아이의 주거환경	일본주택회의, 관동회의 편	萌文社	9509
마을만들기 이벤트 핸드북	건설성 마을만들기 사업 추진실 감수 / 도시이벤트 기획회의 협력	학예출판사	9601
격려해 주셔서 감사합니다 -아이들의 지진에 의한 재해 보고	니시노미야시 EWC 어린이위원회 편	小学舘	9509
두근두근 놀이터 탐험1 (매일초등학생 신문연재1~45 93년 4월~94년 4월)	IPA일본지부 / 놀이의 환경연구회	놀이의 환경연구회	9601
두근두근 놀이터 탐험2 (매일초등학생신문연재46~86 94년 4월~95년 3월)	IPA일본지부 / 놀이의 환경연구회	놀이의 환경연구회	9601
건축과 아이들	안테라 글 / 죠지 브라스토스 그림 / 니바하덴 편 / 이나바 타케시 번역	건축과 아이들 네트워크	9604

◆ 기사, 논문

문서명	저작자	발행처	발행년월
소보(所報) 환경문화연구소 -아이들의 놀이에서 본 마을만들기 (연재(1)~(19))	内藤裕子	環境文化研究所	8906 ~ 9409
건축문화 -건축과 아이들	안 테일러, 稲葉武司他	彰国社	9008
주택 특집 : 아이들의 주거환경을 생각한다	荻原礼子, 秋山圭石 外	日本住宅協会	9103
도시문제연구 특집 : 도시와 아이들	坂本昇一, 湯川利和, 野原忠弘, 児玉隆治, 杉山茂一 外	都市問題研究会	9107
도시문제 -도시계획과 아이들 공간	大村虔一	東京市政調査会	9212
일경 아키텍처 -주민참가 워크숍 나카무라 탐험공원 (横浜市南区 / 奥沢七丁目 公園)		日経 BP社	9209
건축문화 -건축과 아이들 part2		彰国社	9302
보금자리26 -특집 : 아이들 놀이		住宅総合研究財団	9304
건축문화 -아이들이 살고 싶은 좋은 마을이란? ALCC 릴레이 세미나 정보	船山真理子	彰国社	9408
환경정보과학23-3 -워크숍의 현장에서 (1)마을만들기 카드만들기 워크숍	世古一穂	環境情報科学센터	9408
소보(所報) 환문연 34 -특집 아이와 환경	世古一穂外	環境文化研究所	9409
도시계획191 -일반 연구논문 이이다시 사과나무 가로수 정비에의 중학생 참가로 본 참여와 교육에 관한 고찰	木下勇	日本都市計画学会	9411

문서명	· 저작자	발행처	발행 년월
건축문화 -아이들에게 도시와 건축과 주택에 꿈을 주는 프로그램 「제2회 꿈의 학교-세계에 하나뿐인 당신의 집」개최	日本建築센터	彰国社	9510
일경 아키텍처 -나라마을 마을만들기 활동의 거점 탄생 -노후화한 마을의 재생모델 '나라마을 이야기관'		日経 BP社	9511
-건축잡지증간 '기술보고집' -일회용 카메라를 이용한 마을탐구 '부모와 아이의 건축탐험 카메라랠리', '미래의 아이들에게 마을탐험 랠리' (니가타시 및 죠에쓰)	稲葉武司 (共立女子大)	日本建築学会	9512
건축잡지 -부모와 아이의 도시 및 건축강좌 -그림으로 만드는 내방	日本建築学会 / 国立科学博物館	日本建築学会/国立科学博物館	9511
랜드스케이프연구 59-3 -오감에 의한 자연과의 교류 (도쿄, 스기나미구 실크로드)	木村邦夫	日本造園学会	9602

III-3. 연락처

사례명	연락처	주소	전화번호
1-①	타키오우지 아동센터 宮里 和則	〒140　東京都品川区大井5丁目 19-14	03-3771- 3885
	오오이쿠라타 아동센터	〒140　東京都品川区大井４丁目 11-２３	03-3776- 4881
	시나가와 어린이 극장 사무국	〒140　東京都品川区戸越４丁目6-2	03-3784- 6985
1-②	㈜나라 마을만들기 센터	〒630　奈良市中新屋町2-１ 奈良物語館内	0742-26- 3476
1-③	나라시노시 소데가우라 공민관	〒275　千葉県習志野市袖ヶ浦2-5-1	0474-51- 6776
1-④	아틀리에 부케 茶谷正洋, 中沢圭子	〒351　埼玉県朝霞市岡1-15-22-604	TEL · FAX 048-464- 3066
1-⑤	㈜일본건축학회 동북지부	〒980　仙台市青葉区二日町3-10 グラン·シャリオンビル２階	TEL · FAX 022-265- 3404
	건축과 어린이들 네트워크	〒101　東京都千代田区一ツ橋2-2-1 共立女子大学生活美術学科 住居研究室内稲葉武司方	03-3237- 2656 FAX
	건축과 어린이들 네트워크 센다이	〒982-02　仙台市太白区太白3-6-66 細田方	022-245- 1849
1-⑥	건축과 어린이들 네트워크 죠에쓰	〒942　新潟県上越市国府1-13-9古澤 良彰方	0255-43- 5042
	건축과 어린이들 네트워크	1-⑤와 같음	
1-⑦	미즈마키 마을사무소 기획과	〒807　福岡県遠賀郡水巻町大字頃 末880-1	093-201- 4321

사례명	연락처	주소	전화번호
2-①	구리히가시 마을사무소 토목관리과	〒520-30　滋賀県栗太郡栗東町安養寺 1-13-33	0775-51-0119
	타이호니시 공민관 관장 하야시 에츠코	〒520-30　滋賀県栗太郡栗東町幽仙寺170-1	0775-54-1477
	타이호니시 지역진흥협의회 회장 나가노	동상	동상
	리쓰메이칸 대학 농업사회학부　乾　享	〒603　京都市北区等持院北町56-1	075-465-1111
2-②	코우치시립 미카즈키초등학교	〒780　高知市南久万128	0888-22-2597
	미카즈키초등학교 PTA관계	〒780　高知市万々347山崎マンション3F 畠中方	0888-73-6540
2-③	무사시노미술대학 시각전달디자인학과 및 학부연구실	〒187　東京都小平市小川町1-736	0423-42-6056
2-④	이와키시 도시건설부 건축지도과	〒970　福岡県いわき市平字梅本21	0246-22-1111
2-⑤	건축과 어린이들 네트워크 센다이	1-⑤와 같음	
	건축과 어린이들 네트워크	1-⑤와 같음	
2-⑥	(사)일본건축학회 동북지부	1-⑤와 같음	
	(사)미야기현 건축사회	〒980　仙台市青葉区支倉町2-48 宮城県建設産業会館内	022-262-2867
	건축과 어린이들 네트워크 센다이	1-⑤와 같음	
	건축과 어린이들 네트워크	1-⑤와 같음	
2-⑦	요코하마시 이즈미구 건축과	〒245　横浜市泉区和泉町3414	045-863-2380
	(유)어스디자인 어소시에이쓰 山口明広、大倉祥子	〒259-01　神奈川県大磯町生沢969-3	0463-73-2002
2-⑧	메구로구 미술관 降旗千賀子	〒153　東京都目黒区目黒2-4-36	03-3714-1201
	㈜건설,도시워크숍 鈴木　明	〒150　東京都渋谷区渋谷2-4-7YK青山ビル	03-3407-4753

사례명	연락처	주소	전화번호
2-⑨	요코스카시 도시계획과	〒238 神奈川県横須賀市小川町11	0468-22-4000
	㈜참가 디자인연구소	〒171 東京都豊島区目白3-17-24	03-5996-9618
	훗츠시 교육의원회	〒293 千葉県富津市下飯野2443 富津市教育委員会教育部社会教育課	0439-80-1342
3-①	'주위환경과 아이들' 을 생각하는 모임	〒920 金沢市彦三町2-5-27 名鉄北陸開発ビル9F (財)地域振興研究所 南	0762-23-6262
3-②	요코하마시 이즈미구 구정추진과 기획조정계	〒245 横浜市泉区和泉町3414	045-863-2331
	㈜농업 · 도시계획연구소 奧村玄	〒154 東京都世田谷区駒沢2-12-3 大幸ビル7F	03-3419-0226
3-③	츠야자키 마을회관 마을만들기 추진과	〒811-33 福岡県宗像郡津屋崎町大字津屋崎458-1	0940-52-1234
3-④	이이다시 상업관광과	〒395 長野県飯田市大久保町2534	0265-22-4511
3-⑤	요코하마시 이소고구 구정추진과	〒235 横浜市磯子区磯子3-5-1	045-757-2323
3-⑥	무사시 마을기획과	〒873-04 大分県東国東郡武蔵町大字古市 684	09786-8-1111
	무사시대학 하야시연구실	〒176 東京都練馬区豊玉上1-26-1	03-5984-3838
	㈜아이텍	〒103 東京都中央区日本橋本町4-15-1	03-3662-6861
3-⑦	키타큐슈시 건설국 토목부 하천과	〒803 福岡県北九州市小倉北区城内1-1	093-582-2281
3-⑧	텐파쿠 공원을 만드는 모임	〒468 名古屋市天白区土原3-1110 奥田方	052-801-1554
4-①	이와키시 도시건설부 건축지도과	2-④와 같음	
4-②	세타가야 마을만들기 센터	〒154 東京都世田谷区太子堂2-16-7 (財)世田谷区都市整備公社内	03-3411-6634
4-③	카가미마을 마을만들기 그림책모임	〒869-42 熊本県八代郡鏡町大字内田453-1 鏡町教育委員会内	0965-52-1111

사례명	연락처	주소	전화번호
4-④	니시노미야시 환경보전과	〒662　兵庫県西宮市建石町7-43	0798-35-3804
4-⑤	홋카이도 공업대학 건축공학과 쿠라하라연구실	〒006　札幌市手稲区前田7条15-4-1	011-681-2161
4-⑥	마하루마을 농림과	〒963-77　福岡県田村郡三春町大町1-2	0247-62-2111
4-⑦	죠에츠 시립 야마토초등학교	〒943　新潟県上越市今泉335-3	0255-23-5392
4-⑧	이와타시 총무부 기획과	〒438　静岡県磐田市府台3-1	0538-37-4805
4-⑨	시즈오카현 농정부 농지계획과	〒420　静岡市追手町9-6	054-221-2726
5-①	메이조대학 엔도연구실	〒468　名古屋市天白区塩釜口509	052-832-1151
5-②	마을워크 연구회	〒155　東京都世田谷区代田2-35-11-305 結 まちづくり計画室内	03-3414-8568
5-③	건축과 어린이들 네트워크	1-⑤와 같음	
	건축과 어린이들 네트워크 센다이	1-⑤와 같음	
5-④	건축과 어린이들 네트워크 센다이	1-⑤와 같음	

◆ 어린이와 마을만들기 연구회 (발행당시)

延 藤 安 弘	메이조대학 교수
及 部 克 人	무사시노미술대학 교수
木 下 勇	치바대학 원예학부 조교수
細 田 洋 子	건축과 어린이들 네트워크 센다이 대표, 센다이시 공무원 (1장 5-3,4)
大 澤 佐代里	건설성 주택국 주택생산과 계장 (전 도시국 도시정책과 계장)
林 泰義	㈜계획기술연구소 대표
佐 谷 和 江	㈜계획기술연구소 (1, 2장)
石 田 真 理	㈜계획기술연구소 (1, 3장 글, 일러스트)
竹 迫 和 代	㈜계획기술연구소 (1, 3장)

사무국

東京都品川区西五反田7-17-3 五反田第2ビル

(株)計画技術研究所 TEL. 03-3774-8965 FAX. 03-3779-8920

작업협력

荻 原 礼 子	結 마을만들기 계획실 대표 (1장 3-5)
紅 林 恵	㈜지역마을만들기연구소 (1장 4-8, 9)
越 智 優 子	마을워크연구회 (1장 5-2)

◆ 역자 약력

장 준 호 (張俊鎬)

· 명지대학교 건축공학과 졸업(공학사)
· 연세대학교 공학대학원 도시계획전공 졸업(공학석사)
· 일본 문부과학성 초청 국비유학생
· 일본 도쿄(東京)대학교 대학원 도시공학과 졸업(공학석사/공학박사)
· 미국 MIT 도시계획학과 연구교수
· 영국 런던대학교(UCL) 도시계획학부 객원교수
· 일본 수도권종합계획연구소 특별연구원
· 롯데건설기술연구소 수석연구원
· 국토해양부 도시재생사업단 상세기획위원
· 국방부 특별 건설기술 심의위원
· 서울특별시 도심재창조 시민위원회 위원/주거재생 자문위원
· 경기도 도시계획위원회 위원/건축위원회 위원/도시재정비위원회 위원
· 인천시 도시계획위원회 위원/도시건축공동위원회 위원/경관위원회 위원
· 한국토지주택공사 마을만들기 포럼 운영위원
· 한국지역사회발전학회 고문/공로상 수상
· 한국도시지리학회 감사
· 대한국토도시계획학회 도시정보 편집위원/학술상 수상
· 한국도시설계학회 편집위원
· 한양대/연세대 대학원 강사
· 현재 안양대학교 도시정보공학과 교수, 교무처장/총장 직무대행 역임

주요 논저

· 「環境色彩디자인 (調査에서 設計까지)」張俊鎬 譯, 圖書出版 國際, 1986.
· 「都市再開發 豫定地區 設定의 모델 定立에 關한 硏究」延世大學校, 1988.
· 「世界 都市再開發 NOW」張俊鎬 譯, 圖書出版 國際, 1990.
· 「『改善型まち·づくり事業』による地區環境整備計劃論」東京大學, 1993.
· 「우리 마을 들여다보기」공저, 한국도시연구소, 1997.
· 「안양지역 발전론」공저, 한국지방자치연구원, 1998.
· 「都市創造」張俊鎬 譯, 泰林文化社, 1999.
· 「都市基本計劃 및 地區環境整備」, 張俊鎬 譯, 螢雪出版社, 2000.
· 「中國의 都市計劃 -滿洲의 都市論-」, 張俊鎬 編譯, 泰林文化社, 2000.
· 「최신 도시계획 관련법규」공저, 도서출판 누리에, 2000.
· 「도시공학개론」장준호 편역, 형설출판사, 2000.
· 「커뮤니티를 위한 도시계획 및 설계」장준호 편역, 보성각, 2002.
· 「도쿄 도시계획 담론」장준호 편역, 구미서관, 2006.
· 「마을만들기 실천」다무라 아키라 지음, 장준호 · 김선직 역, 형설출판사, 2008.
· 「마을만들기와 도시경관」다무라 아키라 지음, 장준호 · 김선직 역, 형설출판사, 2008.
· 「마을만들기 개론」장준호 · 김선직 편역, 형설출판사, 2010.
· 「도시계획 이론」다카미자와 미노루 외 편저, 장준호 · 김선직 편역, 구미서관, 2013.
· 「삶이 있기에 마을이다! - 도쿄 다이시도 주민이 참가한 도시재생과 마을만들기-」 장준호 · 남지현 역, 구미서관, 2018.

소 명 식
(蘇明植)

· 중앙대 건축미학과 졸업 (건축계획 및 설계)
· 일본 큐슈 국립대학교 대학원졸업 (전공: 도시공생디자인)
· 아주대학교 경영대학원 최고경영자과정 수료
· 안양대학교 대학원 박사과정 수료 (전공: 도시정보공학)

· 대한민국 건축사 면허취득 (건교부 제 6156호)
· 대림대학 건축과 겸임교수 역임

· (현) 새안양신협 이사장
· (현) ㈜에너지환경기술원 기술원장
· (현) 신세대포럼종합건축사사무소
　　건축디자인파트너

지역활동 경력

· 안양시 재정심의위원/ ART CITY 건축 자문위원 역임
· 안양시의회 도시건설위 자문위원 역임
· 시민신문 도시건축컬럼 집필위원 역임
· 안양YMCA 도시공생연구소 공생 소장 역임
· (현) 대한건축사협회 회원
· (현) 안양YMCA 이사
· (현) 사단법인 사랑의 집수리 이사

어린이를 위한 도시재생과 마을만들기 정가 13,000원

편저 : 어린이와 마을만들기 연구회
역자 : 장준호 · 소명식

발행인 : 임해진
발행처 : 도서출판 구미서관

인쇄 : 2018년 12월 4일
발행 : 2018년 12월 10일

등록 : 1979년 6월 29일 No.9-6호

주소 : 서울시 마포구 신촌로 2길 5-15
전화 : 02-333-1101
팩스 : 02-335-2201

ISBN 979-11-6257-045-6 (94530)
979-11-6257-043-2 (94530) (전4권)